"寻找中国制造隐形冠军丛书"编委会

主　任

陆燕荪　国家制造强国建设战略咨询委员会委员

副主任

屈贤明　国家制造强国建设战略咨询委员会委员
　　　　高端装备制造业协会合作联盟专家指导委员会主任

委　员（按姓氏笔画排序）

王玲玲	方　巍	史文军	戎之勤	李莎莎	杨松岩	杨晓迎
邱明杰	张　英	张世方	张彦敏	陆大明	陈　曦	陈文斌
陈成海	陈良财	陈鸣波	陈炳荣	武　鹏	周桂良	苗怀忠
卓卫明	周　波	郑锦荣	侯宝森	秦　伟	顾志刚	徐　静
高亚光	唐　波	黄　钦	黄　鹂	崔人元	谢崬华	薛　林
魏志强						

XUNZHAO
ZHONGGUO ZHIZAO
YINXING
GUANJUN

厦门卷 Ⅱ

国家制造强国建设战略咨询委员会 指导
寻找中国制造隐形冠军丛书编委会 编
魏志强 陈良财 主编

寻找
中国
制造
隐形冠军

HIDDEN
CHAMPION

经济日报出版社

《寻找中国制造隐形冠军》（厦门卷）编委会

主　任

　　周桂良　厦门市工业和信息化局局长

副主任

　　邓建华　厦门市工业和信息化局副局长
　　王玲玲　高端装备制造业协会合作联盟专家指导委员会秘书长

委　员（按姓氏笔画排序）

　　王玲玲　孔一诺　李　莉　邱忠强　陈良财　佟文立　郑连庆
　　武　鹏　周松奕　骆　丹　秦　伟　智　强　崔人元

总序一

党的十九大报告指出:"建设现代化经济体系,必须把发展经济的着力点放在实体经济上,把提高供给体系质量作为主攻方向,显著增强我国经济质量优势。"制造业是实体经济的主体,也是提高供给体系质量和效率的主战场。为此,党中央、国务院强调,加快建设制造强国,促进我国制造业迈向全球价值链中高端。

经过新中国成立70多年特别是改革开放40多年的发展,我国制造业总体实力迈上了新台阶。2010年以来,我国制造业增加值连续10多年超过美国,稳居全球制造业第一大国的地位。在世界500种主要工业品中,我国有220多种产品的产量居世界第一。载人航天、大型飞机、北斗卫星导航、超级计算机、高铁装备、百万千瓦级发电设备等一批重大技术装备取得突破,形成了若干具有国际竞争力的优势产业和一批国际知名企业。毫无疑问,我国已经成为具有重要影响力的制造业大国。

然而,在看到成绩的同时,我们还要清醒地认识到,我国制造业与国际先进水平相比还有差距,这些差距表现出来的是整机或最终产品的差距,但其背后反映出来的却是基础和关键零部件(元器件)、材料、工艺等整个制造业基础薄弱的问题。因此,加快建设制造强国,首先要充分认识到加强制造业基础建设和关键核心技术创新能力的重要性和紧迫性。

解决制造业基础薄弱的问题要以企业为主体,要特别注重发挥民营企业的作用。2018年11月1日,习近平总书记在民营企业座谈会上指出:"长期以来,广大民营企业家以敢为人先的创新意识、锲而不舍的奋斗精神,组织带领千百万劳动者奋发努力、艰苦创业、不断创新。我国经济发展能够创造中国奇迹,民营经济功不可没!"在我国制造业比较发达的地区,我们发现了一大批企业家,特别是民营企业家,敏锐地认识到发展基础工业的重要性及市场之所急,投入大量资金,长期专注于一个细分领域,取得了令人振奋的成绩。这些企业生产的产品不是整机,也不是终端消费品,而是对整机、终端产品的质量和竞争力有重要影响的核心零部件(元器件)、新材料、软件等。这些产品都是为整机、主机配套的中间产品,所以,生产这些产品的企业虽然在产业链中居于关键环节,甚至核心地位,但却不为大众所周知。这些企业被称为"隐形冠军",我国也把这些隐形冠军叫作专精特新"小巨人"和单项冠军。在我国的长三角、珠三角等沿海发达地区,不少隐形冠军企业已经发展成为国内市场的领导者,目前正在积极地"走出去",努力向全球隐形冠军迈进。这些企业的奋斗历程和成功经验对于我国建设制造强国有重要的参考价值。

我们编辑出版"寻找中国制造隐形冠军丛书",就是要通过对制造业隐形冠军典型案例的深入调研，梳理和总结隐形冠军企业的奋斗历程、成功经验和发展模式，为解决我国制造业基础薄弱问题提供可参考的路径和方法，从而进一步完善我国制造业产业链，促进我国制造业高质量发展。

中国要迈向制造强国，需要充分发挥市场和政府的作用，统筹利用好各方面优良资源，坚定发展制造业的信心毫不动摇，从而形成全国关注制造业、重视制造业、发展制造业的良好氛围。希望社会各界关注和支持"寻找中国制造隐形冠军丛书"的出版，支持我国制造业隐形冠军的发展。让我们共同努力，为加快建设制造强国而努力奋斗！

2018年11月1日

总序二

　　隐形冠军这个概念源自德国赫尔曼·西蒙（Hermann Simon）教授写的一本书，就是《隐形冠军：未来全球化的先锋》。这本书的中文版出版发行后，"隐形冠军"这个词很快就在中国流行开来。但很多人并不明白隐形冠军是什么意思，也不清楚隐形冠军在制造业中的地位和作用，所以，我们有必要首先搞清楚它的含义。

　　西蒙教授这本书的书名很耐人寻味，他把隐形冠军称作"未来全球化的先锋"。西蒙教授认为，经济全球化是人类社会发展的大趋势。他说："世界经济共同体是我对未来的称呼。"与大企业相比较，隐形冠军虽然企业规模不是那么大，但在西蒙教授的眼中，隐形冠军却是人类走向世界经济共同体的先锋。从西蒙教授的书中我们能够看到，德国这个世界制造强国，其产业基础就是由隐形冠军企业铸就的。

　　为了准确地理解"隐形冠军"这个概念，我们用一个实际例子来说明其内涵。以菲尼克斯公司为例，这个公司生产的产品主要是配电柜里的接线端子,它生产的接线端子技术领先,质量可靠。一般人都知道西门子、ABB、施耐德这些世界著名的品牌,但并不知道它们所用的配电柜里的接线端子全部由菲尼克斯提供,像菲尼克斯这样的企业就是隐形冠军(隐形冠军类似于我国制造业的专精特新"小巨人"、单项冠军)。为什么说它是"隐形"?因为它生产的产品不是整机,也就是说,不是一个独立的终端产品,只是产业链上某一个关键环节,从这个意义上来说,我们称其为"隐形"。隐形冠军在全球制造业现代化的进程中,即我们现在讲的数字化、网络化、智能化的进程中,在每条产业链里,它的地位绝对不可忽视。因为一个企业不可能什么都做,最终产品实际上都是组装起来的。关于这个问题,在纪念沈鸿同志诞辰110周年时,我写了《沈鸿质量思想对新时期机械工业质量工作的指导意义》一文,其中介绍了我国著名机械工程专家、原机械工业部副部长沈鸿同志在1979年2月23日写的文章《关于什么是先进机械产品的探讨》。沈老部长在他的文章中画了一张圆圈图,从品种、质量、成套、服务4个方面对"先进的机械产品"进行了界定和形象的描述。"先进的机械产品"就是从这个圈里出来的,最后形成的成套设备才是生产力。人们通常都知道市场上成套设备的品牌,但在成套设备整个产业链的一些重要环节所用的关键零部件却不为人知,它们隐形于整机之中,生产这些产品的企业就是典型的隐形冠军。

在中国,我们一定要注重制造业的全产业链发展,不能有薄弱环节,产业链中的领头企业和配套企业之间的关系不是单纯的买卖关系，而是一种协同创新的伙伴关系。如山东临工，它把专供其零配件的供应商叫作黄金供应商，山东临工帮助这些企业研发产品，而这些企业也就不再为其他厂家供货，成了山东临工的专门供应商。

从一条产业链来看，配套厂产品质量的可靠性必须达到主机厂信任的程度才可以。那么，配套厂怎样才能向主机厂证明其产品的可靠性呢？那就是配套厂的质量保证体系健全，产品一定要经过试验、认证，才能出厂。在这方面，沈老部长的思想非常重要，他认为："可靠性是机械产品最主要的质量特征之一，一切产品都要通过试验方可出厂。"中国制造强国战略强调了产业质量技术基础的战略作用，而标准、计量、检测、试验、认证等是其主要技术支撑体系。

人们买东西通常是倾向于购买品牌产品，这是品牌效应的结果，但是如果真正追究其背后的原因，一个品牌还是要包括许多质量指标的。这些指标的建立，就是建立标准，而标准是要统一的。我们现在有很多国家标准、行业标准，但事实上这些标准只是低水平的准入门槛。作为行业领袖的隐形冠军，一般自己都有远高于国标和行标的企业标准。

比如，有一次我到北京 ABB 公司调研，在现场我询问陪同人员，质量指标究竟到了什么样的标准。这位陪同人员说，他们的标准完全符合中国国家标准和行业标准。我说我不是这意思，我是要问企业的标准。他就生产线上开关的例子回答了我的问题。他说，这个产品的指标，国标要求保证开断 1 万次无故障，但他们公司的控制指标是 3 万次，因此零部件的标准也都大大提高。我们现在要求产品符合国家标准，其实这是低标准，缺乏竞争力。我参加过很多国家标准、行业标准的制定，大家都讨价还价，最后标准的水平只能符合大多数的意见。所以，现在标准改革提倡企业标准，以树立企业品牌。

再如，在三峡工程中，我负责三峡工程机电设备的质量，三峡公司的制造质量标准，包括铸锻件质量标准，都远远高于同类国际标准，形成了我们自己的一套标准，现在外国公司给三峡公司提供产品都要遵从这套标准，三峡公司后来把它列为采购标准，现在又上升为电器行业协会的协会标准。这一系列的指标或标准，作为隐形冠军企业都应该具备。现在，中国制造强国战略的实施战略之———强基工程就是要解决这个问题。

菲尼克斯是个典型隐形冠军企业，他们写了一部书，名字叫《面向中国制造2025的智造观》。他们把"制造"改为"智造"，其中包括数字化、网络化、智能化，特别强调精益生产。把精益生产纳入智能制造环节很重要，很多企业忽略了这一点，只强调信息化是不够的。现在也有人提出精益化思维，我觉得生产和思维是不同的。精益生产是"Lean Production"的翻译词，我们要理解原词的含义。麻省理工学院教授写的《改造世界的机器》一书，对精益生产做了详细的阐述。它是从汽车行业推行的"准时化生产（JIT）"发展而形成的生产运行模式。汽车是大批量、流水线生产，在生产环节上不允许有多余的零件存放，它的目标是零库存，当然实际上很难做到，但是要尽量减少库存量，加快资金周转，以提高经济效益。菲尼克斯把精益生产纳入智能制造的内容，很值得研究推广。

在制造业发达国家都有一个产业转移的现象，但我们看到，发达国家的产业转移是对产业链都做了详细规划的，他们转移的是中低端企业，而产业的整体链条还是在发达国家手中掌握。在这种情况下，中国企业可以收购外国企业，但是它的核心技术并未转移出本国。这也迫使中国企业要想高质量发展就必须靠自己，必须加强自主创新。现在，我们国家也正在经历产业转移这个过程，所以，我们也要有一个像发达国家那样的规划，这个规划的关键包括了如何支持隐形冠军企业真正实现国产化的目标。做这样的规划要以企业为主体，但也要发挥政府的作用。

我们现在对大企业了解得多一些，对于隐形冠军，尤其是各地区的隐形冠军了解得还不是那么清楚。不清楚隐形冠军，实际上就是不清楚我们的产业链和世界制造强国比还有什么样的差距，也说不清楚我们的产业在世界上究竟处于什么样的水平。《孙子兵法》中说"知己知彼，百战不殆"。我们编辑出版这套丛书，就是要搞清楚我国隐形冠军的状况，从而使我们能够制定出一套有效的产业政策，以促进隐形冠军的发展，加速"强基工程"的实施，实现中国制造由大变强。

从我们的现实情况来看，一个地区隐形冠军的培育和发展，离不开地方政府的支持。比如，在产业政策、经济金融等方面都需要地方政府制定出有利于隐形冠军企业发展的长效机制。再如，有些研发项目需要持续5年、8年，甚至10年，民营企业很难承受这种投资大、周期长、利润低的项目，这就需要政府的支持。中国提出建立国家实验室，这对于建立长效创新机制有重大作用。

习近平总书记指出:"制造业特别是装备制造业高质量发展是我国经济高质量发展的重中之重,是一个现代化大国必不可少的。"打造具有国际竞争力的制造业,是我国建设现代化强国的必由之路。今天,制造业的全球竞争已不单是一个个企业的单打独斗,而是产业链的竞争,一个行业领军企业只是"冰山一角",需要无数的供应商或协作方(包括服务类组织)等"隐形冠军"来支持和保障。中国制造要走出去,参与全球竞争,必须打造我们完整的供应链和创新共同体,形成整体竞争优势。拥有这一整体竞争优势的前提,就是看我们能否培育和发展出一批隐形冠军企业。

因此,我们呼吁社会各界支持中国隐形冠军的发展,支持"寻找中国制造隐形冠军丛书"的出版工作。"寻找中国制造隐形冠军丛书"将分行业卷和区域卷出版。希望各行业协会、地方政府能够对隐形冠军企业和这套丛书的编辑工作给予大力支持。

陆燕荪

2017年10月

目 录

总序一 ………………………………………………… 001
总序二 ………………………………………………… 001
序言 …………………………………………………… 001
前言 …………………………………………………… 001

第一部分　高端设备

第一篇　扬森数控：制造中国的高端"工作母机"… 骆　丹 003
第二篇　立洲弹簧：同步高端，践行百年价值品牌之路
　　　　………………………………………………… 骆　丹 016
第三篇　中骏智能：互联智慧能源的引领者………… 佟文立 030
第四篇　和丰利：干冰之王…………………… 智　强　陈良财 044
第五篇　东亚机械：永磁螺杆空压机领军企业……… 佟文立 057
第六篇　华晔精密：从濒临绝境到国内龙头企业…… 骆　丹 070
第七篇　思泰克：三维无损光学检测设备的世界级供应商
　　　　………………………………………………… 佟文立 083
第八篇　锋元机器人：锋头精妙、元气满满的铝焊专家
　　　　………………………………………………… 崔人元 097
第九篇　纳路环保：重新定义除尘行业……………… 佟文立 108

第二部分 电子

第十篇　狄耐克：用颠覆自我的技术推动行业发展⋯　骆　丹 123

第十一篇　坤锦电子：专业提供流体控制解决方案的泵阀专家
　　　　　⋯⋯⋯⋯⋯⋯⋯⋯⋯⋯⋯⋯⋯⋯⋯⋯⋯⋯　佟文立 137

第十二篇　新声科技：以智慧聆听变革助听器产业⋯　佟文立 151

第十三篇　唯恩电气：工业连接解决方案的专业供应商
　　　　　⋯⋯⋯⋯⋯⋯⋯⋯⋯⋯⋯⋯⋯⋯⋯⋯⋯⋯　佟文立 165

第三部分 材料

第十四篇　厦门麦丰：密封重任我担当⋯⋯⋯⋯⋯　秦　伟 177

第十五篇　韦尔通：做价值链高端的引领者⋯⋯⋯　骆　丹 187

第十六篇　万新：橡胶改变生活⋯⋯⋯⋯⋯⋯⋯⋯　佟文立 197

第十七篇　三德信：不做制造的奴隶　要做制造的皇帝
　　　　　⋯⋯⋯⋯⋯⋯⋯⋯⋯⋯⋯⋯⋯⋯⋯⋯⋯⋯　骆　丹 210

第四部分 食品医药 s

第十八篇　璞真食品：中餐标准化里的味道与情怀⋯　骆　丹 227

第十九篇　中鲨集团：从国民品牌到国货之光⋯⋯　骆　丹 241

第五部分 工业软件

第二十篇　卡伦特：突破工业软件的"卡脖子"困境⋯　李莎莎 257

第二十一篇　麦克玛视：智慧之眼⋯⋯⋯⋯⋯⋯⋯　陈良财 268

序 言

隐形冠军的缘起

隐形冠军是一个定义企业的流行词，源于德国赫尔曼·西蒙（Hermann Simon）教授所著的《隐形冠军：未来全球化的先锋》一书。在这本书中，西蒙提出了隐形冠军企业的3个标准：

1. 世界前三强的公司（或某大陆第一）；
2. 营业额低于50亿欧元；
3. 不是众所周知。

满足这3个标准的企业，西蒙称之为隐形冠军。第一个标准标志着隐形冠军的市场地位，是指在一个细分市场中隐形冠军所占的市场份额。第二个标准是一个动态标准，2005年时，西蒙曾把它确定为30亿欧元。第三个标准是指不为大众即消费者所周知。隐形冠军虽然在某个细分市场中为客户所熟知，但因它生产的不是日常消费品，所以，不为大众即消费者所周知。

西蒙认为，隐形冠军战略有两大支柱：第一个支柱是集中和深度。隐形冠军一般都在一个细分市场里长期精耕细作，并强调服务的深度。由于隐形冠军的业务都是集中在某个领域，所以，国内市场有限，这就产生了隐形冠军战略的另一个支柱，就是市场营销的全球化。因此，隐形冠军是"未来全球化的先锋"。

西蒙关于隐形冠军的思想对中国有比较大的影响，例如，2016年我国发布的《制造业单项冠军企业培育提升专项行动实施方案》（以下简称《方案》），这里所说的单项冠军实际上就类似于西蒙定义的隐形冠军。

《方案》提出，制造业单项冠军企业是指长期专注于制造业某些特定细分产品市场，生产技术或工艺国际领先，单项产品市场占有率位居全球前列的企业。有专家指出："制造业单项冠军企业包含两方面内涵：一是单项，企业必须专注于目标市场，长期在相关领域精耕细作；二是冠军，要求企业应在相关细分领域中拥有冠军级的市场地位和技术实力。从这个意义上讲，单项冠军与德国赫尔曼·西蒙教授提出的'隐形冠军'概念是十分类似的。"

《方案》强调，制造业单项冠军企业是制造业创新发展的基石，实施制造业单项冠军企业培育提升专项行动，有利于贯彻落实国家制造强国战略，突破制造业关键重点领域，促进制造业迈向中高端，为实现制造强国战略目标提供有力支撑；有利于在全球范围内整合资源，占据全球产业链主导地位，提升制造业国际竞争力。

寻找中国制造的隐形冠军

我们在策划这套丛书时，首先碰到的问题就是如何界定和选择中国制造的隐形冠军。何谓"隐形"，隐在何处？何谓"冠军"，冠在哪里？在这些方面，我们吸收了《方案》和西蒙的思想，但也有不同。

　　一提起隐形冠军，很多人常常把它归结到单纯的制造领域，实则不然。"那种认为德语区的企业只是在机器制造领域保持技术领先的观点是错误的。我们在消费品和服务领域里，同样可以找到相当数量的说德语的世界市场的领导者。"西蒙说，"有超过2/3的隐形冠军（确切地说是69%）活跃在工业领域。1/5的隐形冠军涉及消费类产品，另有1/9属于服务业。"显然，西蒙认为，隐形冠军在机器制造、消费品和服务业三大领域。

　　我们认为，隐形冠军来源的三大领域有待细化和拓展。例如，服务业应主要指生产性服务业，消费品领域应指那些为终端产品提供配料、配件、原材料等的企业。因此，隐形冠军应主要在机器制造（我国称作装备制造）、消费品、生产性服务业、原材料4个领域。典型的隐形冠军生产的产品通常是"隐形"于终端产品或消费品之中的中间品，或生产工具（装备）、原材料，它是成就终端产品和消费品品牌不可或缺的关键因素。

　　在"冠军"的甄选方面，考虑到我们寻找的是中国制造隐形冠军，所以，除了排名世界前三的隐形冠军，本丛书还选入了一些在某一个细分市场居于中国前三的企业，或者有可能培育成为隐形冠军的企业。从这个角度看，我国制造业中很多专精特新"小巨人"也是隐形冠军企业，只是因其产品本身的市场有限，所以企业规模小一些而已。

　　目前，我国工业主管部门已评审六批制造业单项冠军和三批专精特新"小巨人"企业，总数达到5000多家。这些企业是我们"寻找"隐形冠军的目标企业。我国制造业单项冠军和"小巨人"企业的评审工作流程首先要由企业申报，然后才能进入评审程序，这样不少达标的企业由于没有申报就被"漏掉"了，我们选择企业时也十分注重"寻找"这些被"漏掉"的冠军企业。

中国隐形冠军的特点

我们在隐形冠军的调研中，发现中国的隐形冠军与德国的隐形冠军的特点大多类似，但也有诸多不同。

首先，中国的隐形冠军都在探索适合自己发展的企业组织形式。德国隐形冠军主要是家族企业，很多有百年以上的历史。中国的隐形冠军绝大多数产生在改革开放之后，没有德国隐形冠军的悠久历史，要想追赶上制造强国的隐形冠军，在企业组织形式上就不能拘泥于家族企业，而是要选择更适合自己发展的企业组织形式。例如，在宁波、嘉兴调研时，我们发现，很多隐形冠军就是从家族企业转变成为上市公司的，一些没上市的隐形冠军也在筹划上市；在通用机械行业调研时，我们发现，很多隐形冠军是国有企业；在厦门调研时，我们发现，由于受惠于经济特区的特殊政策，厦门的隐形冠军不少是与台湾企业合资的企业。而在上海调研时，我们又发现，上海的隐形冠军除了有民营企业、国有企业，还有很大一部分是"海归"创建的企业。这些实际情况说明，家族企业并不是隐形冠军可选择的唯一组织形式，中国隐形冠军根据实际情况确定适合自己的企业组织形式，这是正确的选择。

其次，中国的隐形冠军有自己对创新的理解。创新是从国外引进的概念，在英语世界里，科学成果叫发现，技术进步叫发明，企业研发、生产、经营管理的成果才叫创新。这里所说的创新，是一种企业满足市场需求的商业行为。我们调研的隐形冠军说明，企业的创新确实都是有商业价值的创新，都是为了更好地满足客户需求的创新。例如，本丛书嘉兴卷中的京马电机，它的创新是集中在产品性能的提高上，强调产品效率、温升、噪声、振动、功率等指标的不断改进。这里面的每一项创新都和产品有关，都和市场需求有关，都和企业的盈亏有关。又如，本丛书通用机械卷中沈鼓集团生产的往复式压缩机和中核科技生产的主蒸汽隔离阀，前者是引进消化吸收再创新的经典之作，后者是突破国外技术封锁实现自主设计和制造的标志性产品，两者都打破了国外对中国市场的垄断。还有本丛书厦门卷宏发生产的继电器、麦克玛视生产的智能相机、创业人的品牌创新，以及上海卷的联影科技生产的高端医疗设备、中微生产的刻蚀机和宁波卷东方电缆生产的海陆缆、宁波水表生产的智能水表等，都是在深入了解市场需求的基础上不断创新并实现商业价值的结果。这些案例说明，企业创新不同于科学发现，也不同于那些没有商业目的的技术发明。因此，准确地把握发现、发明、创新这些基本概念，科学家才能专注于发现，技术专家才能专注于发明，企业家才能专注于创新，隐形冠军才能做好自己的产品和企业。

再次，中国的隐形冠军在全球化中平衡自己的发展战略。在全球化过程中很多人看到的是"世界是平的"，例如，托马斯·弗里德曼出版的专著《世界是平的》。他看到的是遍布世界的麦当劳、星巴克、好莱坞电影以及在谷歌上网等。但也有与他不同的观点认为，世界不完全是平的，它有国界、文化差异、价值观冲突等。这说明世界还没有那么平。隐形冠军应在这样一个全球化过程中找到标准化和差异化的平衡。本丛书嘉兴卷的闻泰科技是一家全球最大的手机原始设计制造商（ODM），它有自己出方案的业务，也有代工业务,前者需要差异化,后者需要标准化。闻泰科技对差异化和标准化业务发展有比较好的平衡。由此引申出另外一个问题,就是市场地位如何体现?是按标准化去做量(规模),还是按差异化去满足个性化需求?这也是对隐形冠军的挑战。关于这一点,我们赞同西蒙的观点,即隐形冠军的市场地位更应从引领市场理解,不能仅仅从企业规模来认定。引领市场的维度包括确定方向、制定标准、超越客户等。例如,本丛书上海卷的中微,该公司是半导体和芯片装备国产化的先锋,它在行业发展、自主创新、制定标准等方面对市场都有引领作用;又如,宁波卷中的天生密封件、日月重工等企业也都有明显的自主创新、引领行业发展方向的特点。再如,本卷中的麦克玛视凭着自主创新的智能相机,在强手如林的机器视觉领域找到了自己差异化发展的市场空间,以其技术、产品质量和性价比的优势打出一片天地。这些企业是内循环的主力,也是外循环即全球化的先锋。

还有,我们发现中国制造隐形冠军有明显的区域集群发展的特征。例如,在长三角、珠三角的一些城市就有集中产生隐形冠军的现象,形成了一个个隐形冠军区域集群,特别是宁波被誉为中国制造"隐形冠军之城"。隐形冠军集群不同于产业集群,其企业之间的关联性并不像产业集群那样大,有的甚至没什么关联性。他们除了在某个细分市场有举足轻重的地位之外,对地方经济发展都有引领和带动作用。为什么这些区域能产生隐形冠军企业集群?我们发现,主要是企业家精神和工匠精神使然。这种现象给我们留下了一个需要继续探究的问题,那就是他们的企业家精神和工匠精神是怎么培育出来的?

此外,中国隐形冠军积极参与国家战略。比如,我国所有隐形冠军都参与制造强国建设，一些企业投入大量资金，努力解决制造业中的"卡脖子"问题；再如，很多隐形冠军积极参与"一带一路"建设，等等。这是我国隐形冠军独有的现象。

随着本丛书出版工作在更多城市和行业的展开，我们将进一步丰富有关中国制造隐形冠军成功模式和发展战略的研究成果。

中国制造需要更多更强的隐形冠军

根据西蒙的统计，全球隐形冠军企业共 2734 个，其中德国有 1307 个，几乎占了一半，中国只有 68 家，远低于德国。从每百万居民的隐形冠军数量看，德国为 16，中国仅为 0.1，与德国的差距更大。

隐形冠军是决定一国制造业是否强大的基石。如果按照西蒙的统计，从拥有隐形冠军企业的数量上来看，中国要实现制造强国战略还任重道远。不过，由于中国正处于隐形冠军发展的初期阶段，西蒙预测："可以想象，中国的隐形冠军数量将在未来 10~20 年里大幅增加。"

西蒙的预测是正确的。事实上，我国制造业单项冠军和"小巨人"企业现已评审出 5000 多家。如果我们把隐形冠军所在领域像西蒙那样从机器制造领域拓展开来，把它确定在机器制造、消费品、原材料、服务业四大领域，到了 2025 年，我们有理由对我国隐形冠军数量的增长速度更加乐观。本丛书已出版的嘉兴卷选入 26 个隐形冠军、厦门卷选入 26 个隐形冠军、通用机械卷选入 24 个隐形冠军、上海卷（共三卷）选入 60 个隐形冠军、无锡卷选入 23 个隐形冠军、宁波卷（共两卷）选入 52 个隐形冠军。在中国，制造业比较发达的城市还有很多，这些城市同样会孕育出很多隐形冠军。从行业的角度来看，隐形冠军遍布各行各业，仅就装备制造业而言，其产品就分为 7 个大类，185 个小类，这里面的隐形冠军还有待于深入挖掘。

我国制造强国战略提出，到 2025 年，中国要进入世界制造强国方阵，制造业达到德国和日本的水平。从隐形冠军这项关键指标来看，我国制造业单项冠军和"小巨人"企业的数量已远超德国和日本隐形冠军的总和，但若从隐形冠军的实力来看，特别是从全球产业链来看，我国的隐形冠军与德国和日本隐形冠军相比，依然有较大差距。所以，中国制造整体水平赶超德国和日本制造的任务还是非常之重。

党的十九大报告指出："中国特色社会主义进入新时代，我国社会主要矛盾已经转化为人民日益增长的美好生活需要和不平衡不充分的发展之间的矛盾。"毫无疑问，隐形冠军是解决中国经济发展"不平衡不充分"问题的主要力量，我们需要培育更多更强的隐形冠军。

本丛书的编写和出版

"寻找中国制造隐形冠军丛书"的编写工作始于 2017 年的春季，我们计划用五年时间完成 30 卷的编写工作。本丛书按区域和行业寻找中国制造隐形冠军，每一卷选入 25 家左右隐形冠军企业。到目前为止，这套丛书除了本卷，上海卷（共 3 卷）、宁波卷（共 2 卷）、嘉兴卷、厦门卷、无锡卷、通用机械卷已经面世，丛书出版规模已达 10 卷。

作者在本卷的调研和写作中得到厦门市经济和信息化局、福建省工业文化协会和厦门市企业的大力支持,在此,我们对这些单位和企业深表谢意!

我们还要感谢经济日报出版社对"寻找中国制造隐形冠军丛书"出版的大力支持,同时向付出辛勤劳动的编辑和其他工作人员致以深深的谢意!

从2022年开始,"寻找中国制造隐形冠军丛书"的出版工作将从人民出版社转由经济日版出版社负责。我们将一如既往地努力工作,为读者奉献一座中国制造隐形冠军的精神丰碑。

这套丛书每一卷都是由工业专家和记者在对企业进行深入调研和采访的基础上,由记者执笔完成的。我们想要做到既有新闻写作的通俗易懂,又有专业写作的深度。但因这是一种创新,时间仓促、水平有限,难免有不足之处,敬乞读者不吝指教。

"寻找中国制造隐形冠军丛书"写作组
2021年12月

前 言

厦门，祖国大厦之门，位于台湾海峡西岸中部，闽南金三角的中心，东临金门诸岛，由厦门湾的大陆地区和厦门岛、鼓浪屿等岛屿及厦门湾组成，陆地面积1699.39平方公里，海域面积约390平方公里，是东南沿海著名的港口风景旅游城市，城在海上、海在城中，素有"海上花园"的美誉。

厦门经历了千年浪涌，潮涨风起。1981年10月15日，厦门市湖里加工区一声开山炮响，拉开了厦门经济特区建设的序幕。在党中央、国务院亲切关怀下，在福建省委、省政府领导推动下，厦门经济特区在改革开放和社会主义现代化建设的大潮中破浪前行，实现了翻天覆地的变化。2018年6月22日，新华社发表的专题文章《习近平同志推动厦门经济特区建设发展的探索与实践》中写道："当中国改革开放的航船扬帆出港，历史的坐标就将其定位为中国最早设立的四个经济特区之一。这个曾经偏僻的海防小城，在40年改革开放中破浪前行，昭示出中国城市蝶变的密码。"

2017年，金砖国家领导人厦门会晤时，习总书记回首厦门经济特区的发展历程，对这座城市充满感情。总书记说："如今，海风海浪依旧，厦门却已旧貌换新颜。"总书记盛赞这座城市的"高素质、高颜值","勇敢坚毅、吃苦耐劳的当地人民,乘着改革开放的浪潮,用自己的双手把厦门变成了一座经济蓬勃发展、人民安居乐业、对外交流密切的现代化、国际化城市"。

2021年12月,习近平总书记致信祝贺厦门经济特区建设40周年,强调"努力率先实现社会主义现代化"。这是站在第二个百年新征程新起点上,总书记再次对厦门发展战略作出的科学指引、擘画的宏伟蓝图。

一批批经济特区建设者坚定不移沿着习总书记指引的方向,永葆"闯"的精神、"创"的劲头、"干"的作风,坚持开放改革创新,大力发展实体经济,随时代浪潮快速发展,厦门成为"以工业为主,兼营旅游、商业、房地产业的综合性、外向型的经济特区"。长期以来,厦门坚持把战略目标和发展重点放在工业化的加速推进上,大力引进外资,发展外向型经济,加快构筑现代化产业体系。党的十八大以来,厦门积极应对宏观经济发展环境的新形势、新变化、新常态,以提高发展质量和效益为中心,全力以赴稳增长,多措并举促转型,创新思路谋发展,全市工业经济平稳较快增长,质量效益稳步提升。近年来,厦门工业经济发展呈现出一些显著特点:

一是工业规模稳步提升。改革开放40年来,厦门市地区生产总值增长862倍,工业增加值增长563倍。继2002年全市工业产值突破1000亿后,2014年全市工业经济再上新台阶,工业总产值首次突破5000亿大关。2021年,厦门市在以习近平为核心的党中央领导下,不畏困难、万众一心,取得了抗击新冠肺炎疫情的全面胜利,而且工业发展逆势而上,工业总产值8354.4亿元,工业占全市GDP比重30.7%,对GDP增长贡献率35.8%,成为推动经济增长的重要力量。

二是工业运行质量持续向好。工业经济效益综合指数由2000年的137.34提高到2021年的304.31，比上年增加22.84个点。2021年，全市规模以上工业实现利税总额838.15亿元；实现利润总额635.25亿元，成本费用利润率达9.26%，比上年提高1.38个百分点，总资产贡献率达11.29%，企业创利创税能力不断提升。

三是工业结构进一步优化。经过多年培育，厦门工业基本形成了以机械和电子为支柱，集成电路、新材料、生物医药等新兴产业多点支撑的产业发展格局，发展成为东南沿海重要的高端制造业和现代服务业基地。2021年，全市规上机械、电子工业企业完成工业总产值5646.58亿元，比上年增长15.2%，占全市规模以上工业总产值的67.6%，产值规模跃上新台阶。集成电路已形成覆盖设计、制造、封装、测试的全产业链，产值位居全国前列；新材料产业加速崛起，已初步形成以特种金属及合金、高分子及复合材料为主，光电信息材料、节能和新能源材料、先进碳材料集聚发展的产业格局；生物医药港构建形成"创新研发—孵化器—中试基地—加速器—产业园区"的产业发展体系，成为全国九大生物医药产业园区之一。2021年规模以上工业战略性新兴产业增加值占规模以上工业增加值比重为47.2%，实现增加值1031.32亿元。

四是创新能力不断增强。先后入选国家创新型试点城市、国家自主创新示范区、国家十大知识产权强市创建市，正在打造厦门科学城。2021年，全市研发经费投入强度超过3.1%，居全国主要大中城市前列。净增国家高新技术企业超过500家，高新技术企业突破2800家，高技术产业增加值占全市规上工业增加值的42.6%，全市共有国家技术创新示范企业11家，共有国家、省、市级企业技术中心 229 家，其中国家级 36 家；拥有国家、省、市级重点实验室、工程中心、博士后工作站等各类研发机构 540 余家。嘉庚创新实验室投入使用，落成世界第四、亚洲首座无噪声实验室等先进研发设施，生物制品省创新实验室获批建设，引进落地国家新能源汽车技术创新中心厦门分中心、国家政法智能化技术创新中心东南分中心、国家心血管疾病临床医学研究中心分中心、中科院西安光机所厦门卫星产业基地等高能级创新平台，新增 16 家新型研发机构、技术创新中心及细胞治疗研究中心。具备较为完善的创新支撑体系。

经过多年发展，厦门市涌现出一批引领细分市场、具有市场领导地位的专精特新"小巨人"、单项冠军、隐形冠军企业，也涌现出拥有自主知识产权、核心技术以及创新能力强、市场占有率居行业前列的龙头企业。这些企业是"厦门制造"的活力所在，为"厦门制造"的发展提供了源源不断的动力。2018 年，我们编写了《寻找中国制造隐形冠军》（厦门卷），讲述了 26 家"冠军"企业的发展之路。编委会后续对这些企业进行了跟踪调研，这 26 家企业均发展良好，特别是在疫情的冲击下，均实现了逆势增长，充分体现了冠军企业的健壮和韧性，说明我们选择的企业是符合冠军企业的特质的。厦门卷的发行获得了国家部、省、市各级政府及产业企业的关注和好评，短时间内就被预订一空。三年来，众多未入选第一卷的冠军企业纷纷与我们联系，希望被编入丛书中。为此我们与"寻找中国制造隐形冠军"丛书编委会协调，决定编写《寻找中国制造隐形冠军·厦门卷Ⅱ》。此次我们从厦门隐形冠军企业中又甄选了 21 家技术领先、长期专注特定细分市场并具有市场领导地位的"冠军"企业编入《寻找中国制造隐形冠军·厦门卷Ⅱ》，通过集中宣传这些企业"筚路蓝缕"的创业精神、"精益求精"的工匠精神、"日新月异"的创新精神、"物勒工名"的担当精神、"千金一诺"的契约精神，引导更多企业向他们学习，主动突破关键技术、关键领域，不断提升"厦门制造"的竞争力。由于时间、篇幅有限，本卷的 21 家企业以及第一卷的 26 家企业只是众多厦门冠军企业的代表。今后我们将持续关注厦门冠军企业，继续编写第三卷、第四卷……呈现更多厦门冠军企业的风采。

当前，在习近平总书记新时代中国特色社会主义思想的指引下，厦门正坚定不移贯彻新发展理念，有力抗击新冠肺炎疫情，全力建设高素质、高颜值、现代化、国际化城市，加快建设金砖国家新工业革命伙伴关系创新基地；加快建设国家自主创新示范区，统筹推进"双自联动"，打造区域科技创新中心；加快构建更具特色和竞争力的创新型产业体系，大力发展高端制造业，打造信息产业万亿集群，以数字经济、海洋经济、绿色经济、文旅经济为重点，培育壮大生物医药与健康等前沿产业；加快营造一流创新生态，不断深化科技创新机制改革，构建充分体现知识产权等创新要素的收入分配机制，激发创新活力；强化企业主体地位，出台促进科技创新若干规定，引导企业加大研发投入；加强产业政策系统集成，重点支持优势产业发展壮大。厦门力争 2022 年国家级高新技术企业突破 3000 家，到 2025 年全社会研发经费投入强度超 3.5%，培育更多行业龙头企业和专精特新"小巨人"、单项冠军企业及世界级"隐形冠军"，突破一批关键核心技术，把握未来产业竞争的主动权，努力让"高素质的创新创业之城"迈向更高水平，为加快促进中国制造由大变强作出更大的贡献。

第一部分

高端设备

- 第一篇　扬森数控：制造中国的高端"工作母机"
- 第二篇　立洲弹簧：同步高端，践行百年价值品牌之路
- 第三篇　中骏智能：互联智慧能源的引领者
- 第四篇　和丰利：干冰之王
- 第五篇　东亚机械：永磁螺杆空压机领军企业
- 第六篇　华晔精密：从濒临绝境到国内龙头企业
- 第七篇　思泰克：三维无损光学检测设备的世界级供应商
- 第八篇　锋元机器人：锋头精妙、元气满满的铝焊专家
- 第九篇　纳路环保：重新定义除尘行业

第一篇
扬森数控：制造中国的高端"工作母机"

骆 丹

"工业机械里头有个工作母机，什么矿山、什么炼油、什么电子、什么化学、什么建筑、什么农业、什么交通运输，这些机器都要有个工作母机，无非是车、铣、镗、刨、钻之类的，这些东西是根本的。"1958 年 9 月 5 日，在最高国务会议上，时任国家主席的毛泽东着重强调工作母机的重要作用，其所说的工作母机，便是机床。机床被称为"制造机器的机器"，是整个工业体系的基础，更是衡量一个国家装备制造业发展水平的重要标志之一。当今全球机床行业已经进入以数控机床为主的机电一体化时代，自 2009 年开始，中国一直是居世界第一的机床生产大国和消费大国，然而同时，中国也是机床的进口大国，其突出的供给侧结构性矛盾在于：低档机床产能过剩，高端机床国产化率低严重依赖进口。作为工业制造的基础，高档数控机床的"缺位"势必会成为制造行业转型升级的"阿喀琉斯之踵"，影响中国从"制造大国"向"制造强国"的跨越。

自 2005 年以来，国家积极出台若干政策，支持数控机床国产化、升级化，细分领域企业也不断奋起直追"破局"，厦门扬森数控设备有限公司（以下简称"扬森数控"）就是其中之一。扬森数控以"顺应时代需求，持续创新，匠心制造高效、高精、稳定的数控装备，振兴民族机床工业"为使命，致力于打造国产企业的标杆企业，开创国产高档机床替代进口的新局面。

追时间，要有"苦功夫"

"想要在这个行业里得到市场的认可，就只能专注一个事情。"说起扬森数控的发展历程，扬森数控总经理林扬波用"单一专注"来概括。2007年，扬森数控在厦门集美区市场监督管理局登记成立，不过，林扬波却将2011年视为扬森数控的"历史元年"，在这一年，扬森数控在厦门市同安区建立了自己的工厂，并开始研发设计组装扬森数控的第一台数控雕铣机。林扬波说："2011年前扬森是做贸易，从贸易转入工厂，才是扬森真正的开始。"林扬波的这个认知，也奠定了扬森数控的发展基调：以研发为基础和关键，专注于生产、制造高档数控机床，为市场提供品质过硬的国产产品。

不过，想要实现高端机床国产化替代，林扬波认为首先需要认清国内外差距，才能迎难而上，他说："做这个行业，不是你走开我来做就行，我们得承认我们和国外时间上的差距。"现代机床的产生可以追溯到200多年前的欧洲第一次工业革命时期——1797年，机床工业之父英国发明家莫兹利制成了第一台螺纹切削车床，随后的100多年，电机驱动铣床、龙门铣床、重型磨床、半自动机床逐步被研发制成，1952年，美国麻省理工学院研制出第一台数控机床,世界机床工业正式走入数控时代,1958年,美国研制出能自动更换刀具,以进行多工序加工的加工中心。而对于中国而言,在1949年,全国仅有用于生产皮带的简易机床。在"一五"期间,依靠对苏联的图纸的学习,我国机床实现第一次技术跨域,并在1958年出现了第一台数控机床,这个时间仅比美国晚了6年,比德国、日本、苏联晚了约2年,不过由于国际关系的紧张以及工业基础薄弱,20世纪六七十年代,机床产业后劲发展明显不足,当发达国家机床产业已基本实现数控化时,我国机床产业仍以手动操作为主。随着改革开放的到来,在"六五""七五"期间,通过引进技术、消化吸收的策略,我国数控机床国产化开始取得进步,

公司厂房外景图

进入21世纪,数控机床行业进入行业爆发期,但市场呈现出"高端失守、中端竞争、低端内战"的状况。"欧洲日本的企业基本都在60年到100年,中国台湾的企业都在40年到60年,所以说,我们这行业没有速成班,就算你靠偶发性的订单把自己做得很大,其实也很危险。"林扬波总结道。

扬森数控的员工曾做过统计,林扬波全年的工作时间超过5200个小时,不过,这在林扬波的观念里,是一件极其正常的事情,他说:"扬森才成立十年,没有悠久的底蕴,你想要比同行快一点,除了老板自己加班,还有什么办法。"林扬波将自己的努力称为"高不成,必须低就",希望自己以身作则,带头以万里蹀躞、驰而不息的毅力,一步一步稳扎稳打地向前发展。在随后的发展历程中,扬森数控几乎每3年实现一跨越:2014年,扬森数控取得多项自主研发专利,扬森数控第一台光机生产下线,并实现量产销售,第一台立式加工中心生产下线、第一台龙门加工中心下线;2017年,扬森数控第一台卧式加工中心下线,自主研发立式加工中心、精密雕铣机,获得多项专利,第一台五轴联动机床生产下线,在机床工业,五轴联动是高档机床的代表;2020年,扬森数控自主研发铲片机、龙门加工中心,获得多项专利,11月,工信部公布第二批国家级"专精特新"企业,扬森数控名列其中……截至目前,扬森数控已经形成包括立式加工中心系列、卧式加工中心系列、龙门加工中心系列、钻攻加工中心系列、精雕机、数控立式车床等六大系列数十种产品,自主研发的YSV-957、YSV-1265立式加工中心等多款产品在性能方面,接轨欧美行业标准,实现了进口替代。

聚品质，守住"生命线"

在技术具备的同时，扬森数控则将"品质"奉为生命线，视作不可退让的根本之根本，扬森数控对每一道工序都有着近乎"极致"的要求。机床是一个对精度要求极为严格的行业，以组装工序为例，即便是相同的零部件，不同工人、不同用心程度装配出来的机床可能呈现出完全不同的精度，因此，为了确保产品的精度，扬森数控确定了严苛的组装程序和标准，并要求将每个程序进行严格检验并记录，只有完全合格后才能继续下一道工序。在扬森数控的工厂里，有3位地位权威的"把关人"——海克斯康的亚计量级三坐标测量机、英国雷尼绍（Renishaw）激光干涉仪 XL-300 和球杆仪 QC20-W，这是目前世界公认的最精密的机床用检测仪器，在扬森数控创立之初，它们就已开始为扬森数控的产品"镇守"品质防线：检验产品的动态精度、几何精度，对数控机床加工出来的标准工件的尺寸、形状和形位公差进行精密检测，从而完成零件检测、外形测量、过程控制等任务，以保证扬森数控每台出厂机床都能达到最佳精度。

在扬森数控海沧工业园工厂的二楼车间里，工作人员正用铲刀对金属面进行铲刮，尺寸把握在毫厘之间。这套铲花工艺是扬森数控保留的传统人工操作工艺环节，通过铲花可以矫正机械加工留下的误差，极大保证接触面的平面度和磨合度，提升机床的精度，同时借由凹凸面，产生油膜，达到润滑的效果，工艺效果整体胜于机器磨刮。不过，这道工艺耗时耗力，对铲花师傅的专业度和耐心度要求极高，但这项传统工艺却是扬森数控自始至终的坚持，扬森数控总经理特助卓义滨介绍说，在整个厦门漳州泉州一带已经极少能

公司厂房图

看到这种传统的铲花工艺,但扬森数控一直保留着,我们希望以匠心给予客户经得起考验的产品。

对于目前国内数控机床市场,林扬波认为,一般来说,客户有两种选择:一是便宜但不好用的国产机床;二是很好也很贵的进口产品。但扬森数控为下游厂商提供了第三种选择:媲美进口机器性能,价格略高于国产机。林扬波说:"我们现在基本上可以做到用60%的进口机的价格,做到95%~120%的进口机性能。"

赢信任,占领高端客户

尽管扬森数控在价格与性能上都具有优势,但在实际占领市场时,扬森数控依旧面临着国产数控机床遇到的一个普遍难题——高端客户认同度低，对国产品牌缺乏信心，不敢轻易改用国产设备。对此，林扬波的心态却极为平和，他说："国外品牌做了100年才获得信任感，凭什么我们做短短几年也要得到别人的信任。"为了打消客户顾虑，扬森数控开启了"曲线占领"与"主动出击"两条营销战略。

一方面，对于高端大客户，扬森数控从其配套供应商入手，通过取得配套厂商的信任，逐步赢得大客户的信任和市场选择；另一方面，扬森数控主动出击，通过技术指标更有优势的方案敲开客户大门，并通过客户试用的方式，用产品的更低成本、更高性能取得客户认可，最终成为其大批量的设备供应商。与此同时，扬森数控工厂随时对客户开放，客户可以直观看到整个生产制造的原材料、加工、组装、打包等所有工序过程，甚至客户可以当场在制造好的机器上用笔做上记号，保证"所看即所得"。卓义滨说："每次带新老客户看完生产线，将所有工艺全面展现在他们面前，他们都很放心。"

机床是工业耐用品，一般产品寿命周期约为10年，前端销售获认可，后端服务则是增加客户黏性和口碑传播的重要法宝，而扬森数控的售后服务在整个行业远近闻名：首先，在全国销售网点的配置，扬森数控严格执行等于甚至大于2∶1的服销人员配比——即服务人员为销售人员的2倍，以保障售后服务的质量。而对于售后处理，扬森数控建立了365天×24小时的响应机制，而服务人员收到需求后，则需以小时为计量单位抵达客户现场，为客户提供服务。此外，尽管在采购合同中，扬森数控产品的保修期为一年，但从扬森数控成立至今的10余年时间，扬森数控的后续服务从未向客户收取过任何服务费用。林扬波说："第一，我们对自己的产品有信心,第二,秉承着对客户负责的态度,我们的服务往往大过承诺。"对于扬森数控来说,这样的售后服务体系与其说是一种制度,不如说是一种文化传承。林扬波介绍说:"从扬森成立开始就一直是这样,然后师傅教给新来的学生,学生再教给自己的学生,一直延续至今,成了扬森的固定价值观和习惯。"正因为这个习惯的延续,扬森数控给予了客户极大的安全感,客户给予扬森数控的普遍评价为:"他们的机床不会坏,就算有问题,也能随叫随到解决,合作起来很放心。"

林扬波说:"在很多领域、很多公司以前国产都是空白的,但现在很多都用上我们的设备,可以说国产设备替代进口,扬森几乎每天都在上演。"林扬波相信,国内市场高端机床实现替代进口只是时间问题,"如果你不要时间来沉淀,对别人是一种不公平。但随着时间的推移,大家慢慢会认可国内品牌的性能"。截至目前,扬森数控的产品广泛用于航空航天、轨道交通、汽车、3C电子等重要领域,客户涉及成飞、陕飞、沈飞、中车、南车、东风汽车集团等一大批客户供应商群。2018年,扬森数控销售实数超过2亿元;2019年,扬森数控全国市场占有率达20%,福建省市场占有率74%;2020年,扬森数控销售实数达4.6亿元;而在2021年,扬森数控仅用了半年时间就已经完成去年全年的销售额。

重人才,培养"第一流的工人"

为深入实施《中国制造2025》,2017年,按照国家制造强国建设领导小组的统一部署,教育部、人力资源和社会保障部、工业和信息化部等部门共同编制了《制造业人才发展规划指南》,文中预测，高档数控机床和机器人领域在2025年人才缺口将达450万人，缺口数额位列制造业十大重点领域的第三位——人才问题已经成为数控机床企业必须面对的紧急问题。为了培养更多优秀的科技人才，为企业创新提供人才保障，扬森数控形成了一套自己的人才储备战略。

林扬波介绍说，扬森数控人才队伍的中坚力量首先来自自己培养的人才。在扬森数控，有不少在公司待了5年、10年的老员工，见证着扬森数控从仅有几位工作人员到如今拥有355名员工的发展。对于他们来说，扬森数控不仅仅是一份工作，更是一个能够成长且实现自我价值的地方。林扬波说："最开始大家来的时候也都是'一穷二白'。我们找各种资源对接，找老师辅导，让这些人更有本事一点，有能力一点。"一直以来，扬森数控均将培训工作列为其发展策略的长期的工作重点，形成了一套完整的人才培训制度——《科技人才培养制度》《职工技能培训管理制度》等，培养计划细化至不同岗位、不同职级、不同阶段。"他们能力在变强，知识面在变大，行业地位也在提升，当然，扬森也在变大，大家相互促进，共同成长。"林扬波说。

随着扬森数控的发展和行业地位的不断提升，"筑巢引凤"效应渐次凸显，扬森数控的"人才引进"战略得以稳步推进。公司人力资源部门筹建起全国范围内的优秀企业、重大科研机构、重大科研骨干、高等院校优秀人才的人才库，并按照"按需引进、全面考核、人尽其才，才尽其用"的原则引进高质量人才，集结了一批来自沈阳、台湾、江苏等地老牌企业的专业骨干人才。扬森数控对于这些人才的吸引力在于：薪资后勤是基础，学习晋升是惯例，学以致"用"是核心——薪资保障优于同行业，并协助解决子女上学问题；通过引进人才专项培训、参加行业内交流活动，优秀人才纳入后备干部队伍等方式，让引进的人才获得更宽阔的成长空间；而杨林波认为，扬森数控最核心的吸引力是可以将人才所具备的技术产品化、商品化，让人才拥有获得感、价值感。"我们的客户有中车、成飞、陕飞等等，他们看到在火车、飞机上的零部件是自己研发设计生产的设备做的，也会充满成就感和骄傲感。"林扬波说。

此外，校企合作则成为扬森数控人才积累的第三条路。截至目前，扬森数控已将与厦门大学、厦门理工学院、厦门华侨大学、泉州信息工程学院等学校形成了良好的合作关系，通过校企实践基地、共建科研基地等方式将校企合作落到实地。在扬森数控海沧区工厂的三楼办公室里，3位来自厦门大学的博士正在紧张地忙碌着，他们正在攻克用于精加工的五轴相关科研项目，这是扬森数控与厦门大学合作的项目，一旦成功，将在这个领域再一次带来革新。扬森数控希望通过这种方式，一方面为行业技术的创新做出贡献，另一方面也希望通过高层次人才与扬森数控的近距离合作，了解扬森数控的企业文化和精神，最终留住人才。

走进扬森数控的厂区，员工们穿着厂服在机器后面来回忙碌，这是一群有活力的年轻人，平均年轻只有27岁，构建起扬森数控年轻而积极的企业氛围。林扬波将扬森数控比喻成一个平台，扬森数控负责搭台子，人才才是舞台的主角。"我们跟人才之间是平等的，不存在真正的谁雇用谁、谁管理谁的关系，企业是发自内心的尊重人才。"科学管理之父弗雷德里克·温斯洛·泰勒在其科学管理理论中指出，企业的"第一流的工人"是"能且愿"的人，即对企业来说，好的人才，能力与意愿同等重要。在扬森数控的人才培养文化之下，扬森数控的员工主观能动性特性显著，卓义滨举例说:"在扬森,你可以看到每个人都是小跑着去工作,因为他们喜欢这个工作,每个人都有管理者意识,自发性做创新,解决问题,自发性地为扬森发展更好提建议。"

破瓶颈,剑指全球一流

2020年,被誉为"中国机床行业的拐点"。2011年我国机床行业迎来销售高峰后,机床行业整体经历了8年的波动式下滑。2020年,尽管受到疫情的影响,但根据国家统计局公布的数据,2020年机床工具行业完成营业收入7082.2亿元,同比降低0.5%,降幅缩窄,同时实现利润总额475.6亿元,同比增长20.6%,机床工业复苏势头明显,前瞻产业研究院的数据预测,2021年,中国数控机床市场规模超过3000亿元,到2026年,市场规模将达5148亿元。这将为扬森数控的发展提供广阔的市场空间,扬森数控也开启了新一轮的谋划:海沧区扬森工业园于2017年开始建造,2020年年末正式投入使用,占地面积36亩;2020年11月,扬森数控竞得了集美区机械工业集中区三期灌口南路与南塘路交叉口北侧的地块,土地面积3.33公顷,建筑面积9.99万平方米,预计将于2023年完工,两个工业园区的完工,将极大提升扬森数控的生产能力,为扬森数控突破数控机床行业的交期长和产能制约的瓶颈,进一步占领市场奠定基础。

与此同时,扬森数控也在积极地对接证券公司,希望证券公司以上市公司的标准给扬森数控做"体检",通过此让扬森数控的发展更具规范性。林扬波说,做机床需要久久为功,"当我们经营不动的时候,上市会成为一个好的选择",一方面,林扬波希望拥有股份的职业经理人为扬森数控的发展注入新的活力；另一方面更希望上市能为员工创造更大的利益收获。

2021年1月8日，以"梦飞扬·森起航"为主题的扬森数控2020年年会暨新厂启用感恩晚宴在厦门市海沧区山边路588号的扬森数控海沧工业园举行，鲜红的地毯从厂区门口一直延伸到工厂内，工厂四周围绕着黄橙橙的稻穗花篮，工厂内，舞台被扬森数控众多机床产品围绕着，呈现出一种独具企业特色的仪式感。这是一场完全由扬森数控人自编自导、全范围安排的晚会，与会人员包含供应商、新老客户、扬森数控员工等近千人，整个活动井然有序，备受与会人员的称赞。在晚会表演的T台走秀中，员工们将不辞辛苦、几经周转收集的扬森成立以来厂服、以及创业以来的老物件进行了展示，体现着扬森数控赓续绵延的专注精神，尽管仅成立10余年，但扬森数控剑指机床行业全球一流品牌的愿景从未改变，在晚会上，林扬波发表主题演讲，他说："厦门扬森数控应以市场为导向，以品质为基础，以振兴民族工业为己任，让更优质的中国制造服务全人类，让更可靠的品质造福全世界。"

第一篇　扬森数控：制造中国的高端"工作母机" | 015

林扬波
厦门扬森数控设备有限公司总经理

为顺应时代需求持续创新，匠心智造高效、高精、稳定的数控装备，振兴民族机床工业，让精密制造更简单！

——林杨波

第二篇
立洲弹簧：同步高端，践行百年价值品牌之路

骆 丹

每当你准备驾车出行，在解锁车门的那一刻，一场与弹簧、弹性件的协作之旅就已经开始了：智能门锁中的精密扭力弹簧精准配合解锁机构运转，使门锁自动打开；一对装有高应力螺旋弹簧的自动折叠后视镜开始恢复至驾驶就绪位置；当按下启动键，转向机系统中的滑轨弹片将方向盘向上移动并主动寻找到驾驶者记忆状态；此时，无论是传统燃油发动机还是新能源的电驱动电机都已经将动力准备就绪，燃油机的高性能发动机气门弹簧和驱动电机中的轻量化波形弹簧都在各自的动力系统中开始运作；踩完刹车，回位弹片让4个刹车片快速回到起始位置；汽车在不平路面行驶时，避震总成里的弹簧在轮胎上下跳动，吸收储存振动能量，以起缓冲作用……

除了汽车外饰件、动力系统、转向系统和座椅中有大量关键弹簧的应用外，汽车电子、传感器、感应雷达、自动驾驶辅助系统、汽车主被动安全系统，以及用于提升乘坐舒适度的各种内饰件等部件中都有精密弹簧和弹性件的助力协作。这些藏身在部件中的弹簧零件，让作为消费者的我们看不到也摸不着，却每天都在真实地应用和体验着……

弹簧虽小，却在汽车中扮演着举足轻重的角色：一个弹簧部件质量不稳定轻则引起颠簸不适，重则酿成车毁人亡的惨剧，因此，整车厂及其零部件配套厂商对弹簧供应商的选择异常慎重与严格。不过，在超过 1/3 的全球汽车百强企业——保时捷、凯迪拉克、宝马、奔驰、奥迪、丰田等汽车里，或许你都能找到厦门立洲五金弹簧有限公司（以下简称"立洲弹簧"）提供的弹簧产品的身影。毫无疑问，立洲弹簧已经成为享誉世界的知名车企背后的支撑力量之一，而这股力量正在默默耕耘，谋划着一个更大的蓝图……

从小，到大，再到强
嵌入世界百强汽车的核心部位

1981 年 10 月 15 日，暑气尚未消散，在厦门岛西北部的禾山镇湖里区的丘陵上，一声声炸开山头的炮响响彻长空，拉开了一个时代的巨幕——厦门经济特区建设的征程就此开启。凭借得天独厚的天然良港优势与制度优势，外资纷纷涌入，电子信息产业制造业在这座滨海城市迅速生长，一座座制造加工工厂如雨后春笋般涌现。1993 年 4 月 3 日，立洲弹簧董事长李小平投身于时代浪潮中，在厦门创立立洲弹簧，寓意"立足神州"，并成为当时中国海关首批保税工厂之一。

公司厂房外景图

搭乘着改革开放的东风,立洲弹簧迅速发展壮大:1996年,福州立洲精密弹簧有限公司成立;1998年,并购原国家二级企业福州弹簧厂;2001年,立洲(青岛)五金弹簧有限公司成立;2005年,立洲集团控股有限公司成立……截止此时,在电子产品配套弹簧供应商行列,立洲弹簧已经牢牢占据市场榜首地位。然居安必定思危,立洲弹簧敏锐地意识到:当前生产销售的弹簧多配套于中低端市场,客户要求不高、技术含量不大,市场份额很容易被小企业蚕食,而发展规模变大所带来的管理成本的增加,必将立洲弹簧推入毫无竞争优势的境地。"这就好比温水煮青蛙,只要你不动,就必然会被淘汰。"立洲弹簧总经理王亮形容说。

于是,立洲弹簧决定打一场"从价格到价值"的转型硬仗,将未来的发展方向瞄准了一个存在行业门槛的领域——汽车行业。在当时，中国汽车产业正在经历前所未有的蓬勃发展：1985年，中国合资企业上海大众成立，我国拉开了现代化轿车工业的序幕；20世纪90年代，外资并随着技术和关键设备的涌入，汽车国产化率提升，车价大幅下降，汽车开始进入寻常百姓家；而进入21世纪，中国加入世贸组织，开始逐步迈向汽车产销量大国行列，这为汽车零部件配套网络的迅速成长提供了肥沃的土壤，逐渐展现出国内市场国际化竞争的良好发展态势，谁能一展所长，便有机会满载而归。

然而，汽车弹簧市场特别是高端汽车弹簧市场是一个高行业壁垒的领域，想要进入汽车供应链，立洲集团首先需要面对的是技术和研发壁垒。由于弹簧是配套于汽车的重要安全件之上，其质量好坏，将直接影响整车的安全性，因此，弹簧企业的同步研发能力、技术先进性等均成为整车厂及配套厂商选择供应商的重要评价标准。为此，立洲弹簧将自己置于一个"零"的姿态，学习标杆竞争对手资料，通过对市场既有的产品和技术进行不断再造升级，大幅度投入资金和人力自主研发立洲核心技术与产品……王亮说："那是一个很艰难的过程，但我们希望，宁可做得慢一点，也要一步步把基础夯实，每一步的目标都是我们要在这个产业长久地做下去。"

机会总是垂青有准备的人。在一次汽车行业推广展会上，世界汽车转向技术领军企业——德国博世公司找到立洲弹簧，希望能为其转向系统开发一款工艺异常复杂的金属安全卡扣：其供应链原本为法国的一家百年弹簧制造企业，但其第三代接班人决定退出该行业，其为博世提供的备料仅够维持博世一年半的用量，这也意味着博世必须在一年半之内找到合格的替代供应商。然而,由于产品要求高,博世找遍了长三角地区,均未找到合适的供应伙伴。当橄榄枝向立洲弹簧抛来时,在尚未签订合作协议的情况下,立洲弹簧立即展开研发设计与样品制造,仅用了两个半月的时间,就将和原厂尺寸性能一样的产品送到了客户面前,让博世负责人震惊不已,王亮说:"当机会来临的时候,你有没有准备好是关键,转型路上要的不是销售额的快速成长,而是对新需求的敏锐洞察与探索、对新技术的持续研究与储备。"

凭借着客户的良好口碑,立洲弹簧开始迎来一波又一波的新客户。不过,在汽车产业弹簧供应系统中,还有一个必须攻克的壁垒——客户认证壁垒。在汽车产业链条上,汽车企业与供应伙伴的关系呈相互依存、长期稳定的特点,因此,车企在挑选一级、二级配套供应商时,需经历一个严格且漫长的认证过程,从开始认证到大批量供货,从小项目到大项目,少则需要两三年,多则需要10余年。这也就意味着,在通过供应链体系认证之前,供应商需要持续投入大量资金,却无法接到大批量订单,收入微薄。阵痛之中,立洲弹簧熬过了这个时期,王亮介绍道:"最近两三年立洲弹簧进入全新一波的产品量产状态,开始又一轮的开花结果了。"

截止目前,立洲弹簧的直接客户已经涵盖全球汽车零部件TOP 100企业中的35家,且多数名列前50强,产品涉及内饰、动力总成、转向系统、传动系统等汽车核心部位部件。就汽车转向系统而言,立洲弹簧已经成为世界三大转向器品牌——博世转向器系统(德系)、捷太格特转向器系统(日系)、蒂森克虏伯转向器系统(德系)的全球核心弹簧与弹性件配套供应商,此三大汽车转向器品牌在世界汽车品牌的转向系统配套中占比接近85%。"在高端一级汽车零部件领域，立洲已掌握汽车动力、传动、制动、转向系统、汽车电子、汽车内外饰等弹性件核心技术，技术已达欧美同行业水平，在多个重点项目上与国际一流弹簧企业形成直接竞争。"王亮说。此外，立洲弹簧的产品还广泛应用于轨道交通、航空、医疗、电力、电子电器、阀门、工程机械等行业的高端领域，主要客户涉及中国中车、阿尔斯通、庞巴迪、瑞凯威、ABB、施耐德、西门子、伊莱克斯、艾默生、ROTORK等知名企业。

全链条式服务
打破国外技术垄断

在厦门火炬高新区（翔安）产业区洪溪南路上，一栋浅灰色的五层工厂大楼屹然而立——这就是立洲弹簧的"基地"所在。厂房占地面积达16000多平方米，内部研发中心、实验中心、生产车间、检测室等一应俱全——立洲弹簧从产品设计、模具设计、材料分析、工艺设计、快速样件，到高品质高效率的批量生产和其他增值服务的全链条服务模式瞬时形象地展现在人们眼前。

传统的制造以"生产"为中心，未来的制造以"服务"为中心。从转型之初，立洲弹簧就将企业定位为"技术型服务"——立洲弹簧不是来图精加工的企业，而是一家为客户提供弹簧与金属弹性件技术解决方案、攻克技术难题的服务商。"我们希望立洲弹簧不只是单纯的客户供应链群体中的普通一员，而是要成为客户研发和制造的一部分，就像弹簧的应用一样，它们独自存在的意义是匮乏的，只有赋能于客户的高标准产品中才更具价值与意义。"王亮进一步诠释道。

立洲弹簧配有独立的研发中心，拥有具有自主知识产权的弹簧设计计算软件，可实现产品自主研发以及与客户联合研发，为客户提供优秀的设计方案和个性化要求的定制方案。当产品设计通过之后，特定的原材料将被送至立洲弹簧自主研发设计与生产制造的模具上，开启一段奇妙的成型之旅。

走进立洲弹簧的生产车间，地面异常整洁，看不到任何油污。高精密弹簧成型机、电脑数控成型机、波形弹簧专机、涡卷弹簧专机、冲压机等分别整齐规范地摆放在不同区域，伴随着弹簧生产设备紧凑而规律的运作节拍，弹簧钢材被机械触手卷绕、旋转、折弯、挤压、切断……，最终，合格的成型产品准确无误地落入早已准备好的成品框中。2017年，立洲弹簧对车间进行了全新的布局，每个车间犹如一个独立的工厂，使得生产过程更加流畅，并达到开放化、精细化、可视化管理。同时，立洲弹簧启动两化融合，打造智慧车间、建立自动化生产线。自动化工序——预压、自动磨平上料、铆接、真空碳氢清洗、自动化包装等的使用，让立洲弹簧的生产效率提升2~5倍，成本优化2~3倍。而当产品成型后，它们还将去往立洲弹簧的综合实验室里，历经规格、力值、疲劳度、硬度、镀层厚度、清洁度检测分析等数道检验，100%合格后方能装车出厂，送往中国及世界各地客户手中，为立洲弹簧赢得一次又一次的赞誉。

立洲弹簧用了"三化"来总结立洲产品的特性——专业化、多样化和差异化。专业化，是指立洲弹簧28年来，一直专注于金属弹性件的研发与制造；多样化，即将弹性件的类别不断扩充，在立洲的弹簧王国里，产品系列细分为12种，定制化产品已超过数万种，可一站式满足客户不同的需求；而差异化，则是凭借自己的技

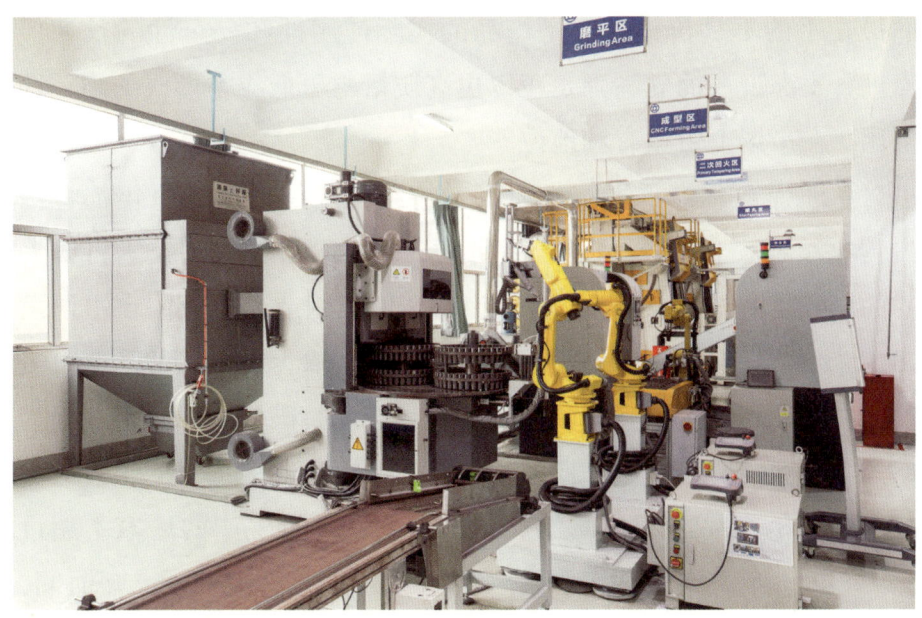

公司生产车间

术和产品优势,满足客户定制化的细节需求,让竞争对手普通机台制造的产品只能"形似神不似"而望尘莫及。

所谓"三化",王亮强调,最根本的立足点是"站在客户的角度思考问题"。为此,立洲弹簧要求工程师走出去,去实际感受和理解弹性件产品在客户端的使用状态;在立洲实验室里,拥有众多设定模拟客户使用状态的精密仪器设备与装置,以保证客户使用产品的稳定性。

不过,王亮认为,如果仅仅靠客户给到项目再进行研发,完全赶不上客户的开发进度要求,因此,立洲弹簧一直在提前布局,洞悉未来客户的需求方向,通过实验中心、检测中心、模具研发制作中心的相互配合,不断尝试研发新工艺和新产品,提升产品质量,缩短与客户服务配套的时间,降低成本。"对于高端客户来说,他们最在乎的不是价格，而是产品的实际使用性和安全性的长期保障。"王亮说。而立洲弹簧正以更高质量与更低成本形成的高"性价比"在市场上占据有利地位。

立洲弹簧非常重视技术研发的持续创新与发展，每年都将约占营业额17%的预算用于产品研发、研发设备投入和技术科研人才的培养上，成功实现了从传统OEM加工制造型企业向自主研发ODM技术服务型价值品牌的转型，至今已取得实用新型专利101项，发明专利3项，其中多项核心技术产品打破外资品牌垄断，为汽车零部件国产化作出突出贡献：弧形弹簧作为汽车产业中最具技术含量的产品之一，此类产品国际上可批量生产的厂家不超过5家，立洲弹簧从2009年开始弧形弹簧的研发，仅用了2年时间，便实现了量产，并配套于国内的主机厂及变速器生产厂家，成为国内首家自主研发并规模化量产的企业，并可与世界TOP3企业相竞争，打破了外资企业在弧形弹簧领域对中国企业的限制；磁石固定弹簧是行车稳定系统电机中起着最关键功能性作用的零件之一，事关整部车的行驶安全，立洲弹簧的"高性能磁石弹簧"成型与探测技术攻克了技术难题，成为国内唯一的批量供应企业，且质量稳定性优于国外厂家……

抱团取暖
用工艺破解"卡脖子"问题

在检测室里，一台台检测设备正在井然有序地工作，检测员带着白色手套熟练地将原材料样本放入不同的检测仪器中，不久之后，原材料的规格、折弯、抗拉、硬度、成分分析等检测数据便精确地输出，确定符合要求后，原材料方可入库或使用，以求在源头上就能保证立洲弹簧的产品质量。那这些原材料从何而来？王亮说，在转型初期，立洲弹簧吃了不少"闭门羹"——由于项目还未量产，常有以量取胜的原材料供应商将立洲弹簧的需求拒之门外。对于立洲弹簧来说，这既是挑战，也是机遇——为立洲弹簧排除掉了一些理念不合的供应商。"在过去，供应商管理就是谈价格、质量验证，然后采购，但这并不是供需关系中最有价值的部分，而最关键的是供应商的理念。"立洲弹簧希望与供应商不是单纯的买卖关系，而是深度的战略合作伙伴关系，谋求共同发展。

立洲集团选择的供应商需要保持着不断创新的精神，能够根据需求不断进行原材料的研发与优化。同时，在与供应商合作的过程中，立洲弹簧会深度剖析讲解项目用途、终端使用客户，王亮说："我们会释放更多的信息，项目为谁而做，达到什么目的，我们相互配合，共同去拿到这个项目。"同时，随着立洲弹簧逐步打入世界汽车产业的供应链，与供应商承诺的项目逐渐实现量产，进一步加深了立洲弹簧与供应商之间的信任，"立洲的项目有时只用几百公斤甚至几十公斤的原材料需求，但他们都是第一时间响应，达到了别人可能需要批量采购几吨才能达到的效果。我觉得这样抱团发展的模式才是我们想要的状态"。

不过，对于原材料的供应，立洲弹簧依然绕不开中国制造在原材料方面的"卡脖子"问题——海外供应商价格贵且存在供应的不稳定性。为此，立洲弹簧充分寻求原材料国产化之路。一方面，立洲弹簧加大了与国内原材料企业的联合研发；另一方面，立洲弹簧另辟蹊径，加强生产工艺的研发与调整，使国内供应的原材料的使用能达到与进口原材料相同的性能。那如何才能让客户相信国产原材料也能达到同样品质呢？立洲弹簧给出的破题之法是数据。为了实现每一项材料国产化替换的可行性验证，立洲弹簧不惜花费数年时间，进行资金和人力投入，通过成型方法创新、模具设计改良、工艺设计优化、热处理过程参数改善等，不断进行产品技术参数与功能性的测试，通过真实可靠的数据，实现等效替代进口材料，并最终得到客户的认可。

截止目前，立洲弹簧已经实现高性能钢带类原材料超过30%完全国内生产，60%海外母料国内再加工，仅剩下极少的一部分需要直接从国外购买，逐步摆脱了对国外原材料供应商的依赖。

公司产品

常怀敬畏
成就百年价值品牌

在立洲人的心中，立洲弹簧扮演着三个角色：立洲是一个"大家庭"，提供福利、开展团建活动、帮助外来员工解决子女入学等生活问题，让每一位员工快乐地工作与生活；立洲也是一所"学校"，新员工入职之际，对员工详尽剖析公司发展规划，与员工共同制订职业发展规划，在工作过程中，以包容心态给予员工试错机会，并引导学习，遇到项目攻坚时，公司主管与职工同加班、共探讨，甚至通宵达旦、不眠不休，共同攻坚克难，授予员工宝贵的实战经验；同时，立洲更是一支"军队"，用最强的战斗力，致力于成为高端制造业品牌的核心弹性件的战略合作伙伴，通过技术服务和自动化制造输出高附加值服务和高品质产品。

对于未来，立洲弹簧规划，与汽车产业的配套将占到整体收入的75%，作为立洲弹簧强有力的根基。与此同时，立洲弹簧将不断深化与轨道交通、航空产业的配套，并逐步深入布局医疗领域。随着国民经济与国民生活水平的不断提高，医疗行业产业规模持续增长，王亮认为，未来中国一定是一个医疗大国。2015年5月，国务院印发《中国制造2025》，将"生物医药及高性能医疗器械"圈入重点领域；2016年10月，中共中央、国务院发布《"健康中国2030"规划纲要》，这是首次在国家层面提出的健康领域中长期规划，擘画出一条中国特色医疗创新体系新时代发展线路图。立洲弹簧正在提前布局进入该产业链条中，当医疗产业迎来新的机会时，立洲弹簧可以以专业的弹性件技术和更高精密度并多样化的产品能力储备，在整个供应链市场中占据有利地位。

一个医疗上的心脏起搏器弹簧件事关一个人的安危，一个汽车上的弹簧件可能影响一车人的安全，一个轨道交通制动系统的弹簧件关系着上百人的生命……正是由于立洲弹簧所生产的产品在实际应用领域与人的生命安全关系重大，立洲人对立洲弹簧的产品时刻保持着敬畏之心。做精做大做强，是立洲弹簧成立28年以来一直不断践行的发展理念，但立洲弹簧还有一个愿景——做长久，成为金属弹性件的百年价值型品牌。王亮说："在当今社会，客户的要求第一是你能否帮我解决问题，第二是你是否会长期深耕弹簧，有长期的质量保证。德国有众多百年企业，中国梦的百年大计也正始于高端智造，这是一条长期之路，但我认为，立洲已经瞄准这个正确的方向。"

第二篇　立洲弹簧：同步高端，践行百年价值品牌之路

王亮
厦门立洲五金弹簧有限公司总经理

做绝大部分人认为难的事情才能从中找到生存之路，保持学习与思考，保持敏锐洞察和勇敢创新，坚持执行窄而深的长期主义路线。

——王亮

第三篇
中骏智能：互联智慧能源的引领者

佟文立

在国内的输配电产业领域，中低压开关和变压器产品的供应商数量众多，市场份额格局较为分散，但有一家企业的主要产品在国内细分领域有着较高的市场份额。这就是中骏集团旗下专业从事110kV以下配电设备产品技术及其系统化、智能化解决方案的研发、制造、集成与服务的现代创新型企业——中骏智能电气科技股份有限公司（以下简称"中骏智能"）。

成长历程——不用扬鞭自奋蹄

"我们这个行业有个特点，叫作量大面广，从居民到基础设施再到国防，都离不开电。"中骏智能总裁应道林表示，对于输配电行业，市场空间主要还是在配电领域，这就好比高速公路建设好了，要实现村村通，才能组成毛细血管式的交通网络。

中骏智能电气科技股份有限公司下设中骏智能（泉州）有限公司，主要产品涵盖电力及配电变压器、中低压开关成套设备装置、箱式变电站、环网柜、户内真空断路器、智能化组件、智慧配用电系统解决方案等，年产值超过 15 亿元。

1992 年，中骏智能的前身"泉州变压器厂"，成立于有"海上丝绸之路"起点之称的历史文化名城——泉州。2008 年，中骏电气（厦门）有限公司成立，厂房落成并投产，高低压成套、断路器、环网柜投产，获得国家高新技术企业认定。2018 年，中骏电气（厦门）有限公司整体更名为中骏智能电气科技股份有限公司。

自成立以来，肩负着有具体特定内涵的企业使命、愿景和精神，中骏智能不断提升、不懈创新，以雄厚的企业实力、卓越的研发和制造能力、完善的售后服务体系，竭诚为广大客户提供安全、智能化的电力设备及配用电一站式的系统解决方案；公司屡获国家高新技术企业、"福建著名商标""福建省名牌产品"等荣誉称号；产品远销国内外市场，应用在上海世博会、北京金融街、总后医院、部队、上海浦东新区、天津滨海新区、厦门港口等广大用户，乃至出口澳大利亚、东南亚、土耳其、古巴、南非等世界各地，涉及军队、机场、矿山、铁路、油田、隧道、高速公路、大型工业企业、各类发电厂、各地城市和农村电网改造。

中骏智能将企业使命定义为"互联智慧能源、共创幸福生活"，即将紧扣能源互联网时代脉搏，专注输配电设备创新升级，倡导与实践配电物联网设备研发及生产，应用绿色、智慧、互联的输配电设备为居民生活、工业、国防、基建等带来更为便捷、安全的用电体验，构建智慧生活，提升幸福感。

中骏智能的企业愿景是"成为电力集成服务及互联智慧能源的引领者"。

"电力集成服务"是中骏智能从产品制造向产业价值链更高层

公司全景图

  次的追求，致力于为客户提供一站式的输配电组合产品设计与制造、系统解决方案等集成化服务。

  "互联智慧能源"是中骏智能顺应时代发展需求在第三次工业革命迈向第四次工业革命时期自我革新的决心。中骏智能将通过创新型、综合型专业人才资源的整合与培养，积极探索与实践能源互联网技术应用及设备研发，在新一轮的科技革命与智慧能源革命的相融并进中贡献力量。

  "引领者"是中骏智能在行业地位及社会认同上的诉求。中骏智能将通过我们全体员工的不懈努力，成为行业技术水平的领头者；成为受合作伙伴、客户、员工、行业和社会尊敬和爱戴的标杆企业。

  中骏智能秉持"专注客户需求、不用扬鞭自奋蹄、以未来决定现在和利他共赢"的企业精神。

"专注客户需求的匠心精神"是中骏智能在长期发展中形成的固有特质，是以客户为导向，追求品质、关注细节的工作态度，是一种专心、虚心、恒心、细心的精神凝聚。

"不用扬鞭自奋蹄的拼搏精神"是中骏智能长期工作时间的真实写照，是中骏人克服困难、自我驱动、奋勇争先的精神体现，这种精神过去引领中骏砥砺前行，未来将持续激励中骏奋斗拼搏，不断超越，成就梦想。

"以未来决定现在的创新精神"是中骏智能持续创造客户价值的有效保障，以未来之势决定今日之行，确保在不断创新的道路上方向正确。

"利他共赢的合作精神"是中骏智能与社会各界的合作基石，成就客户、成就员工、成就股东，你我共赢。

核心竞争力——从销售端到采购端的全流程

输配电行业的一个显著特点是产品应用的量大面广，因为各行各业都离不开用电，也由此造成了参与市场竞争的企业数量非常之多，有将近6000家。在市场格局如此高度离散的行业里，有一定规模的企业的数量分布呈金字塔状分布。行业中的大部分企业更多的是接近作坊式的状况，年销售额在5000万元以上的企业数量已经在500家左右，能够做到5亿以上规模的则仅剩100多家，而10亿规模以上的也就在20家左右。

在中骏智能总裁应道林看来："输配电行业更多的是一个项目导向型的产业，且具有明显的资金密集型和人才密集型行业属性，如果要做到一定规模需要相当的管理底蕴和能力"。

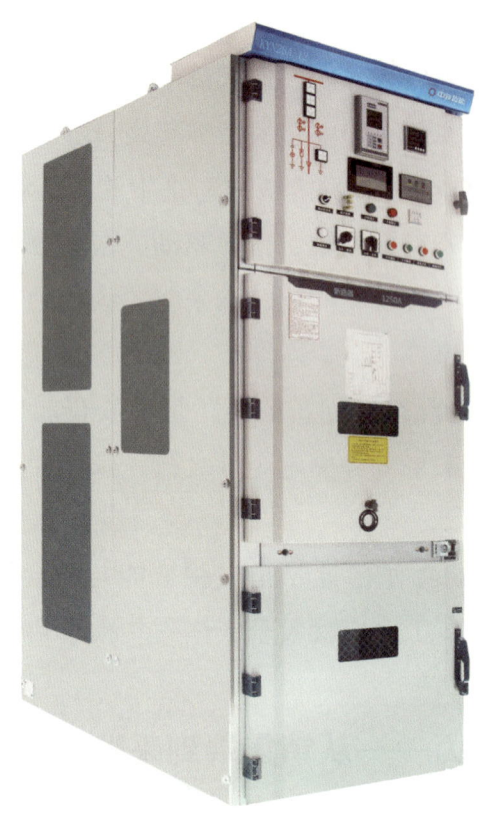

KYN61 智能中置柜

首先,前端的客户一般都是工程属性比较强,也就是需要企业垫资施工,而销售的设备产品都是按工程的节点来付钱,而后端的原材料和元器件又需要现款采购。因此,经营现金流的压力实施上形成了对企业规模要求的一定门槛,也造成了很多企业做不大。

其次,行业涉及的技术具有多学科的特点,虽然制造过程的机械性质明显,但在销售前端和产品研发设计阶段,更多地涉及电气、电子和通信等IT技术。由于产品涉及应用的行业十分广泛,与客户的合作关系建立通常需要相当程度的行业背景知识。因此,作为一个人才密集型行业对企业的人才梯队有着较高的要求。

在应道林看来，中骏智能的核心竞争力首先体现在设计环节，也就是作为定制化的非标产品能够给客户提供一个适合的用电方案。作为一个环节，设计既要体现在为客户提供的项目用电方案的综合性价比，也要体现在生产制造前端的产品设计方面。

此外，由于变压器产品的标准化程度较高，企业的工艺能力则变得十分关键，也就是通过经验、设备和工艺控制来实现产品质量的稳定性。相比之下，作为开关类产品核心的断路器，灭弧室依然是产业链国产化的最大短板。

中骏智能通过与供应商的天然联盟关系，不断帮助供应商提升元器件的品质。由于行业的项目导向属性，中骏智能在200多家核心供应商面前更多的扮演着一个类平台的角色。元器件供应商需要和中骏智能作为成套产品厂商共同在最终客户面前体现出能够紧密配合。由于在企业规模、品牌等方面的优势，中骏智能对优质的元器件供应商提出配置建议，凭借对方案设计的理解帮助元器件供应商不断提升技术和品质。也正是通过这种良性的循环，中骏智能实现了与供应商的共同成长。

最后，动态的项目管理能力也是行业中竞争优势的体现。以应对上游金属原材料的大幅上涨为例，尽可能实现按照当下原材料的行情进行对客户的项目报价和快速下单采购原材料来锁定项目的成本和利润就显得十分关键。

客户承诺——从"点亮一个人生"到互联智慧能源

作为国家城乡农网改造产品推荐企业，中骏智能是国家电网、南方电网下辖多个省网公司的重要供应商，也是输配电设备国际知名制造商 ABB、GE、SIEMENS、Schneider 的重要合作伙伴。

2009 年，中骏电气通过 ISO9001 质量体系认证和 ISO14001 环境管理体系认证，并成为 ABB 中国合作伙伴。

2011 年，中骏电气成为 GE 开关柜合作伙伴。

2014 年，中骏电气与西门子（中国）有限公司、厦门大学等联合设计推出 VSCE 真空断路器。

如果把中骏智能过去 30 年的发展历程做一个提炼，按照应道林的概括，那就是从对客户承诺的"点亮一个人生"到"点亮智慧城市"以及智能电网时代的互联智慧能源。

自创立以来，中骏智能凭借高素质的人才队伍和强大的科研开发能力，不断推出智慧、环保、节能、高效的新一代配电电力设备产品及系统解决方案。

在不断创新产品，已经拥有近百项项产品专利的同时，中骏智能多年来不断投巨资进行技术引进和改造，引进了世界最先进的德国海德里希全自动真空浇注设备、乔格剪切线、德国库卡机器人冷金属过渡焊接工作站和日本村田钣金加工三大件，更新了箔式绕线机、变压器微机检测系统、局部放电检测、充气柜气箱氦质谱检漏系统、噪音测试仪、喷涂流水线等关键设备；生产的变压器产品通过了国家变压器质量监督检验中心的型式试验，中压开关柜通过了国家高压电器质量监督检验中心的型式试验，低压成套产品通过了国家强制性 3C 认证，干式变压器通过了荷兰 KEMA 认证，能够在世界各地极恶劣的危险场所中提供可靠的性能。

当下，制造工厂以及它们所处的环境在不断对人类和设备提出挑战。当存在易燃气体和蒸汽时，危险场所需要使用能够适当防范受热点火或火花点火等危险情况的电气产品。要确保工业加工环境中的安全性和产能，需要实现可靠的连接和控制以便为人员和设备提供保护。而无论对于哪种应用，中骏智能都拥有与之匹配的解决方案。

目前，中骏智能厦门厂区生产的主要产品涵盖中低压开关成套设备装置、环网柜、户内真空断路器、智能化组件、智慧配用电系统解决方案等，中骏智能（泉州）有限公司主要从事变压器和箱式变电站生产。

中骏智能的产品线包括中低压开关成套类、配电变压器类和智能化解决方案类。

充气全绝缘环网柜，应用在10kV配电系统和电压等级为12kV的电力系统二次配电网络，广泛应用于工业区，高层建筑、大型公共建筑、住宅小区、繁华商业中心、户外开关箱和箱式变电站等场所。

铠装移开式户内交流金属封闭开关柜，系3.6~12kV三相交流50Hz单母线及单母线分段系统的成套配电设备，主要用于发电厂、工矿企业配电、电力系统二次变电所的输配电以及大型高压电动机起动设备等，实行控制、保护、监测。

低压抽出式开关柜适用发电厂、冶金轧钢、石油化工、轻工纺织、港口码头、大楼宾馆等场所作为交流三相四线或五线制、电压380V、50Hz电力系统的配电和电动机控制之用。

交流低压配电柜产品具有分断能力高，动热稳定性好，电气方案灵活、组合方便，系列性，实用性强，结构新颖，防护等级高等特点，可作为低压成套特点。

作为开关类产品的核心部件，VSCE（Ⅰ）系列户内高压交流真空断路器系三相交流 50Hz、额定电压为 12kV 的户内装置，适用于各种不同性质的负荷及频繁操作的场合，可供工矿、企业、发电厂及变电站电气设施的控制和保护之用。

节能型油浸式变压器，作为当前应用最广泛的配电变压器，主要应用于 10kV 配电网络，容量范围 30～3150kVA，额定电压等级 10kV；核心材料使用宝武钢铁的优质冷轧取向硅钢，单位损耗小于 ≤ 0.9W/kg，线圈采用优质无氧铜，含铜量 ≥ 99.95%。

通过引进葡萄牙干式变压器技术，经过 20 多年不断改进优化，升级开发出的系列环氧树脂干式变压器以 H 级环氧树脂为绝缘材料，低压绕组采用铜带（箔）绕成，高压绕制采用导线绕制，在真空中浇注环氧树脂并固化，构成高强度玻璃钢体结构，具有电气性能好、耐雷电冲击能力强、抗短路能力强、体积小重量轻等特点，广泛应用于国家电网、建筑，能源，化工、交通、钢铁、工业，发电等领域。同时，采用智能信号温控系统，可自动监测并同屏显示相绕组各自的工作温度，可自动启动、停止风机，并有报警、跳闸等功能设置，不仅能保证满负荷安全运行、风机启动后具有较强的过负载能力，可供用户应对突发状况下的过负载需求，具有出色的抗突发短路能力。

作为光伏发电专用组合箱式变电站的组合式变压器，是将太阳能通过逆变器系统产生的低电压（一般是 270V、315V、540V）交流电经过升压变压变成 35KV 或 10KV，然后汇流接入光伏发电站主变，通过主变接入系统电网，从而完成光伏发电的任务，是光伏发电系统的最佳配套产品。

环网柜

预装式变电站，作为一种根据国内外的技术要求和运行习惯并充份考虑国内电网和环境的特点而设计的产品，可以用于额定频率50Hz，额定电压为12kV及以下的三相交流系统中，容量在2500kVA及以下需要环网和终端供电的公共配电网中；也可广泛用于户外且公众能接近的场所，如住宅小区，厂矿企业，大型工地，高层建筑、机场码头、路灯控制系统等场合。既可作为永久性电源，也可作为施工电源，同时根据需要也可以用于光伏发电升压站和风力发电升压站。

中骏智能的智能化解决方案类包括智能变配电监控管理系统、综合能耗管理系统、远程抄表管理系统和电气火灾监测管理系统等各项综合能源系统解决方案。

综合能耗管理系统，采用互联网＋配电监控系统的设计，通过现场各类智能装置实现原始数据的采集，以嵌入式智能网关作为通信节点，以电能服务、负荷监控、数据分析、环境监控、设备管理、售电管理等各类业务的软件功能为展现，以大数据＋云计算为技术核心，完整实现电力数据、能源数据、设备工况、运行环境、异常报警等核心对象的综合监控和管理，通过就地或远程 Web 或专用 App 方式，提供 7×24 小时全天候的实时监控、故障报警、报修调度、设备巡检、视频监视、统计分析等深化业务，使得用户更安全、更可靠、更经济的用能。

电气火灾监控系统，符合 GB14287-2014 新版国家标准的全部要求，由电气火灾监控主机、组合式电气火灾探测器、零序电流互感器、温度探头等组成，主要应用于 0.4kV 低压配电系统中；用来监测低压回路的剩余电流、温度等重要参数。如果被监测的剩余电流、温度超过报警设定值，系统在设定的时间内及时发出声光报警信号（现场和消防值班中心），提醒值班人员及时进行处理，消除电气火灾隐患，预防电气火灾的发生。

品牌——从迈出福建到融入"一带一路"

2002 年，随着市场逐步扩大，中骏智能的产品迈出福建市场，逐步建立覆盖全国的销售网络，荣获"电力变压器知名十大品牌"称号。

从 2003 年起，中骏智能就专注于高速公路供配电，目前福建省内市场占有率已达到 60% 以上，设备自投入使用以来，已连续多年实现了安全供配电无事故。

截至目前,中骏智能与全球30多个国家的12000家客户建立过合作关系,并在北京、上海、天津、广州、太原、西安、兰州、郑州、洛阳、武汉、沈阳等地设立多个服务点;同时保持各项产品库存充足、供货快捷,并依托先进的SAP信息管理系统和高效的物流管理系统,快速解决客户需求,提供优质服务。

中骏智能严格按照ISO9001标准管理体系建立服务规范并做出承诺:在正常使用条件下,产品在保修期内免费更换故障部件;在全国均设有服务网点,各服务网点常驻经培训考核合格的工程师,7×24小时受理用户咨询及要求,随时解答使用过程中出现的问题,设备在运行过程中如果出现技术性故障,保证在4小时内对用户提出的问题或故障予以响应,24小时内处理完毕,保证用户系统正常运转;保修期过后,将为所售产品提供终身成本价有偿维修服务,服务方式及响应时间同保修期内;在各服务网点常年备有充足的维修配件,能够满足产品维修和保养的要求;建立售后服务投诉电话,用户在遇到服务质量问题,可直接投诉,负责追踪最终解决方案,使用户满意。

作为第一批融入"一带一路"倡议的厂家,中骏智能多年来围绕着大战略下的"孟中印缅"经济走廊、"中巴"经济走廊、"中老"经济走廊积极开拓市场,分别在孟加拉国、尼泊尔、巴基斯坦、缅甸、老挝等"一带一路"沿线重点国家成功供货变压器、开关柜等产品近万台。

例如,中骏智能实现的老挝南欧江全流域水电项目的全覆盖。老挝南欧江梯级水电站项目是在中老两国元首见证下签署、同时又是中国电建在海外首个全流域整体规划和BOT投资开发的项目,作为唯一由中资公司在老挝获此开发许可项目，它对接支撑将老挝打造成"东南亚蓄电池"和改善老挝北部民生的重要项目。中骏智能自2014年起圆满完成二、五、六级电站站用干式变压器及箱式变电站的运行供电任务，以过硬的产品质量赢得了中国电建海投公司的赞扬和认可。在此基础上，中骏智能又于2019年成功中标南欧江二期工程的一、三、四、七级水电站站用干式变压器及箱式变电站的项目。

应道林
中骏智能电气科技股份有限公司董事长

企业管理简单来说就是在企业中树立一些共识,让企业成员知道我们是做什么的、我们要到哪里去、我们需要怎么做,以此来驱动企业成员的自我管理,推动企业向前发展。

——应道林

第四篇
和丰利：干冰之王

智 强　陈良财

2021年10月24日，《中共中央 国务院关于完整准确全面贯彻新发展理念做好碳达峰碳中和工作的意见》发布，中央对碳达峰碳中和这项重大工作进行系统谋划和总体部署。随后，10月26日，国务院印发《2030年前碳达峰行动方案》。

二氧化碳回收和产业化应用是实现"双碳"目标的重要途径之一。因此，二氧化碳的回收和产业化应用——干冰行业，迎来了前所未有的发展机遇。

与干冰结缘

干冰是固态的二氧化碳，温度是 –78.5℃，在 6250.5498 千帕压力下，把二氧化碳冷凝成无色的液体，再在高压下迅速凝固而得到。干冰在固态升华时直接变为气态，其过程不会产生水与其他液体，略过液态阶段，故被称为干冰。

干冰应用范围十分广泛。在日常生活中，干冰作为一种超低温、抗氧化、干净卫生的制冷剂，在食品保鲜上大有作为，在同等质量下，干冰释放的冷能能量是普通蓄冷板的 3 倍。当前，随着人们生活水平的提高和对食品质量的要求变严，加之运输行业的快速发展，干冰在冷链行业中越来越得到青睐。

在工业用途上，常常利用干冰其低温、直接气化、硬度低等特性来清除 IT 产品上的毛刺，清洗工业模具、流水线，降温 NC 刀具等，在提高作业效率的同时，也避免了其他清洗降温方式对环境的二次污染。

此外，干冰在农业方面的运用也开始大展手脚，为植物的成长提供了气体肥料——二氧化碳，促进提高其光合作用的效率，加快植物生长和增加甜美度。

中国干冰行业的起步落后于西方国家。早在 1925 年，美国干冰股份有限公司设立，而我国在 20 世纪末，才有企业从国外引进成套干冰设备，并逐渐发展起来。企查查数据显示，截至 2020 年 12 月，中国共有 1013 家干冰企业。这些企业主要从事的业务是干冰制造、干冰清洗。有数据显示，在全国主要干冰生产厂家中，产量和市场占有率领先的企业是一家坐落在福建省厦门市，名字叫厦门和丰利集团（以下简称"和丰利"）的企业。和丰利是我国唯一一家集干冰研发、生产和干冰清洗机、干冰制造机、干冰保温箱制造以及售后服务全产业链为一身的集团企业，堪称"干冰之王"。此外，2018 年 10 月，在中国工业气体工业协会二氧化碳专业委员会成立 20 周年之际，二氧化碳专业委员会特别授予和丰利"中国二氧化碳应用推进奖"，充分肯定和丰利为二氧化碳减排工作所作的贡献。

公司厂房外景

和丰利创办于1999年，创始人是林欲晓先生，他担任公司董事长。林欲晓所读专业是会计，创办和丰利前在一家上市公司就职，离职前为外贸部经理。原本，他的专业和工作与干冰行业不相关，但当时我国汽车工业的发展，让目光敏锐的他看到了未来干冰在轮胎上应用的市场前景。于是，他毅然决然地辞去工作，并投资创办和丰利，从此与干冰结缘。"汽车工业的发展一定会带动轮胎业的发展，这又会对干冰产生巨大需求，于是1999年我们引进美国的干冰清洗技术，创办了和丰利。"林欲晓说。

回首公司发展历程，林欲晓平静地说："和丰利的发展还算顺利，从集团来看，公司每年都有盈利。"然而，在这成功的背后，有着很多看不到的艰辛和努力。"公司从无到有，干冰、设备从研发到制造，其成功说起来风光无限，实际上困难层层、压力巨大，这些都硬生生熬过来了，确实不容易。做干冰这个行业，仅仅为了赚点钱也许还算容易，但想在行业里做得好就太难了。"林欲晓的夫人郭明月女士说："比如和丰利自主研发的干冰保温箱，是经历

保温箱分公司厂房外景

了一次又一次的失败,一次又一次的经验再总结继续尝试,才有了现在干冰保温箱在业界有很好的口碑和知名度,让我们真真切切体会到了什么叫'失败是成功之母'。从2016年到2021年,这5年中的前4年,公司一直在投钱研发改进,2000万元投进去,失败了也不放弃,就是坚持搞研发。现在的成功真的是过去不断努力、坚持的结果。"

2020年,受新冠肺炎疫情影响,干冰市场遭遇巨大冲击,很多同行企业发展举步维艰,但和丰利却能逆势而上,市场在不断扩大,利润在持续提升,这显然是之前不断投入和努力的结果。"在2020年这个艰难环境中,和丰利干冰产量同比增长28%,出口业务同比增长95.5%。艾思珂工厂的厂房已全面竣工,并投入生产。在技术创新方面,和丰利继续引领行业,干冰制粒机HP1000型和制块机 HB2500 型投入市场使用，干冰融合喷砂的样品机，自主研发的干冰包装线在技术上有了很大的突破，这些都体现了和丰利在技术和工艺上不断追求和完善。"林欲晓说。

林欲晓、郭明月这对"干冰伉俪"，就是这样不断书写着和丰利的奋斗史，如今他们已把一个当初的干冰小厂发展成为我国干冰行业的排头兵企业。"目前，和丰利在境内拥有 16 家全资干冰厂，在海外拥有 2 家干冰厂，拥有大量的国内外客户，三星电子、奔驰汽车、麦德龙、苹果手机、米其林轮胎以及华为等世界 500 强企业也是我们服务的客户。"林欲晓说。

谈起和丰利的成长故事，福建省工业文化协会秘书长陈良财深有感触地说道："和丰利公司的成长充满了太多的幸运和传奇，一路走来也有不少的艰辛。自 1999 年公司成立，高起点导入美国先进的干冰清洗技术到中石化化纤加热项目的成功，再到与扬子石化、上海石化、广州石化的干冰清洗定点合作，然后又成功地在国内率先将干冰清洗导入轮胎工业。一路走来，从干冰生产到干冰设备制造，和丰利在林欲晓的带领下，全面布局国内、国际市场。今天的和丰利厚积薄发，正在携手中国速度快速发展。"

制胜利器

伴随着国内外市场的不断扩大，和丰利的产能也在逐年增长，目前干冰日产能已高达 50 万公斤，远超国内同类企业，在干冰设备品类上、国际上居于第二的位置，是仅次于美国的一家公司。

和丰利为什么拥有如此强大的市场竞争能力？原因应包括很多方面，比如研发、设计、生产、营销、管理等，但其制胜法宝，当属自主创新的干冰清洗机、干冰制造机、干冰保温箱、冷链运输箱等专用设备，正所谓"工欲善其事，必先利其器"。

由于我国干冰行业起步较晚，导致长期以来干冰生产设备主要依赖进口，高昂的进口价格严重影响了我国干冰生产企业的市场竞争力，同时也使利润变薄。林欲晓身为和丰利的董事长，除了做一些日常管理工作，他更重视的是研发和市场。这使他较早意识到，生产设备依赖进口这个问题必须解决，于是和丰利投入大笔资金用于干冰清洗机、干冰制造机、干冰保温箱、冷链运输箱的研发。

现在，和丰利拥有一支教授级的研发团队和工程师军团，并与厦门大学、集美大学等院校进行产品研发合作。目前，和丰利在国内已取得与干冰技术相关的63项专利，在欧洲市场也提出相关专利申请，以确保提供给客户更好、更有价值的干冰和干冰相关设备的服务。

近年，这支队伍厚积薄发，在制冰机系列（包括造粒、制块、压块）、清洗机、保温箱的研发上不断创新，不断刷新自己的历史。林欲晓介绍："2019年对于和丰利而言，是有重大意义的一年，公司成立20周年，这一年里研发推出的新产品更是让2019年成为和丰利的一个科技转型年。"

在这个科技转型年，和丰利推出一系列自主创新的新产品。

小型制冰机HP-120，这是一款针对每日干冰生产需求不是特别大的客户提供的高性能经济型干冰制冰机。HP-120噪声低，能够提供稳定的干冰转换率和节能电力装置，为用户节省二氧化碳和电力成本支出。"和丰利再次定义干冰制造机新标准。"和丰利一位研发负责人说。

HB-2500，它被称为干冰机中的"大魔王"，是一款集高效、稳定、经济于一体的干冰制块机，能耗超低。林欲晓说："HB-2500 是国内第一台产能超过 2500kg/h 的干冰制块机，由和丰利自主研发并拥有全部知识产权。这台设备引起全球业界的瞩目。"

CC-II，是一款智能化的云雾清洗机。它主要应用于模具、毛刺去除、电子电机、医疗和家电行业。CC-II 能够大幅提升清洗效果。它采用新的配冰方式，喷射力度大幅提升。在相同条件下（喷射压力、喷射干冰量等），干冰喷射覆盖面积较第一代 CC 云雾清洗机提升了 30%。CC-II 可与机械手灵活结合，降低成本、提升效率。林欲晓说："目前全球仅有两家公司拥有此项干冰清洗技术专利，和丰利属于其中一家，也是中国唯一的一家。"

干冰保温箱、冷链运输箱是和丰利的重要产品组成，公司聘请航天保温隔热专家冀勇夫，负责保温箱、冷链运输箱的研发和设计。目前，和丰利已开发出 12、24、72 小时不等的储存式保温箱，并导入食品行业、药品产业、海产品产业等民用市场，替代费用成本奇贵的冷藏柜（车）、冰冻柜（车），直接大幅降低保鲜行业的经营成本。林欲晓说："干冰保温箱应用十分广泛。如果从美国进口那是很贵的，我们当时想和国外一家具有技术优势的企业合作，但他们要价太高，和丰利难以接受，所以只好自己研发生产。"

如今，和丰利旗下的干冰清洗机、干冰制造机和干冰保温箱、冷链运输箱系列产品相当齐全。在这一点上，和丰利有别于国内同行业的其他企业。国内的干冰企业一般只从事干冰制造、干冰清洗，很少自己研发制造干冰生产的专用设备。而和丰利走了一条不同的路子，他们不仅生产干冰，同时还投入大笔资金，坚持研发干冰清洗机、干冰制造机、干冰保温箱、冷链运输箱。最终，和丰利发展成为一个集干冰生产和干冰专用设备制造为一体的集团企业。

国际化布局

隐形冠军概念创始人德国赫尔曼·西蒙提出，集中、深度和全球化是隐形冠军的两大支柱。最近，在接受采访中，他又提出"追求卓越"是隐形冠军战略的支柱，而且放在首位。

关于追求卓越、集中和深度，中国和德国隐形冠军基本相同，但全球化的程度则有较大差异。德国隐形冠军是全球化的先锋，积极主动参与全球竞争，而中国隐形冠军在整体上表现出全球化的不足，很多企业背靠着中国这个大市场，满足于"进口替代"。然而，工业品与消费品不同，其竞争范围是全球性的，不受文化、习俗和地域等因素的影响，比如芯片、飞机发动机，等等，竞争就看谁的技术高、质量好、性价比合适，你不主动参与全球竞争，人家也会在你家门口与你竞争。

和丰利这个干冰行业的排头兵企业早早就意识到了全球竞争的重要性。和丰利有着追求卓越的雄心壮志，也有专注于干冰领域心无旁骛的定力。即使是参与全球竞争，和丰利的态度也不逊于一些德国隐形冠军。

和丰利的全球化布局始于几年前，经过多年的积累、准备、谋划，和丰利宣布，沿着"一带一路"开启全球业务的新征程，同时向东盟、欧洲、美洲市场进军。目前，和丰利在泰国（已设立两个分工厂）、日本、波兰以及欧洲一些国家相继设立分公司或售后服务中心，在韩国、马来西亚、新加坡、澳大利亚、英国、挪威、分别设立了代理，同时积极开展与越南、印度尼西亚、菲律宾、印度以及欧洲一些国家的干冰、设备、箱体和服务的出口贸易。

进入韩国市场，是和丰利全球化布局的关键一环。2019 年，和丰利成套设备凭借着单位时间的高产能、设备的高稳定性以及二氧化碳对干冰的高转化率打败了国际上众多知名厂商,一举获得韩国最大干冰制造商的青睐,并于同年9月在韩国完成成套设备的安装调试。在10天的装机期间,许多韩国厂商慕名前来观摩生产流水线,同时和丰利的工作人员也观摩学习了韩国厂商先进二氧化碳制造工艺技术。"获得韩国著名干冰厂商订单,代表着和丰利产品能与世界著名干冰设备品牌一争高下。"林欲晓说。

提起进入美洲市场,和丰利国际事业部的员工都难以忘怀。2019年12月,和丰利与丹麦知名回收系统合作,飞越三大洲,全程2万多公里,前往秘鲁交付成套干冰设备。客户用和丰利HP-120制冰机生产了3mm和16mm干冰颗粒,搭配回收系统,3mm颗粒转化率高达1.4,而其他国家干冰机厂家即使搭配回收系统,转化率也仅在1.8~2.0,这就帮客户节约了22%的成本,客户对HP-120制冰机的性能给予高度的评价。和丰利干冰压块机也得到用户好评,客户用和丰利干冰压块机压完干冰的密度为1500kg/m³,并把和丰利压块机压出的干冰块与秘鲁当地干冰块进行了自由落体和挥发测试比较,得出结论:和丰利干冰压块机压出的干冰硬度更硬,挥发更慢。

2020年,新冠肺炎疫情影响全球。新冠疫苗的研发和安全运输成了全球关注的焦点。当时,和丰利接到一个来自新加坡政府运输新冠疫苗的业务。应新加坡政府要求,和丰利在新加坡的合作伙伴Cold Solutions Pte Ltd于2020年10月开始着手方案应对新冠疫苗运输。和丰利设计特制规格的模具产品,无缝对接客户需求,在-70℃条件下完成运输。2020年12月22日,新加坡收到和丰利负责运输的某公司第一批新冠疫苗。随后,新加坡亚洲新闻台

（Channel NewsAsia，CNA）向全球报道了这则消息。这次成功的运输使和丰利在国际舞台有了更广阔的市场空间。

"2020年年初开工的时候，外部的经营环境极其恶劣，但我们所有人都没有放弃希望，国际事业部的同事把握出口市场的时间点，在生产部人员全力支持下，干冰制冰机全线开足马力，在极短时间内扩大了韩国、日本和中国台湾的干冰市场份额，成为国际市场有影响力的公司。"林欲晓说，"但我们还要对设备、技术不断提出更高的要求，持之以恒地探索研发干冰生产运用全领域。"

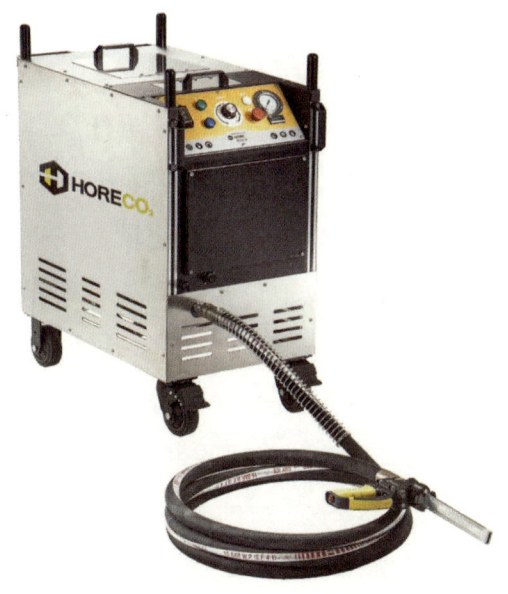

干冰清洗机

讲到参与国际竞争，尽管和丰利在2020年出口业务获得95%

以上的增长，但是林欲晓非常清楚，他们最为关键的还是要在自主创新上不断取得突破，工艺技术追求完美，同时变革销售模式，这是他们不变的企业发展定位，也是他们能立足于国际舞台的根本。

未来可期

2020年9月22日，国家主席习近平在第七十五届联合国大会一般性辩论上宣布："中国将提高国家自主贡献力度，采取更加有力的政策和措施，二氧化碳排放力争于2030年前达到峰值，努力争取2060年前实现碳中和。"

2021年，党中央、国务院对碳达峰碳中和这项重大工作进行系统谋划和总体部署。国务院印发《2030年前碳达峰行动方案》。

实现"双碳"目标是我国履行一个负责任大国的责任，也是我国走绿色发展之路的内在要求。2020年我国GDP突破100万亿元（102万亿元），碳排放为100亿吨二氧化碳，在碳达峰之前还会有一定的增长。未来，如何响应中央号召，为实现双碳目标作出应有的贡献，是每一个企业、每一个企业家都必须回答的问题。

实现双碳目标，节能减排、改变能源结构、调整产业结构这些都是必不可少的选项，二氧化碳回收和产业化应用显然也是实现"双碳"目标的重要途径。

当前，市场对干冰需求的暴涨，和丰利干冰清洗机、干冰制造机、干冰保温箱的供不应求都反映出干冰行业遇到了一个前所未有的"风口期"，市场机遇扑面而来。很多企业家看到了这个机遇，但他们把握机遇的方法各不相同。

林欲晓带领下的和丰利显然已有谋划。他们一方面在拓展干冰应用的新领域，另一方面在规划完成干冰产业链最后一个环节的整合，就是在源头上解决碳资源问题。

在拓展干冰应用新领域方面，和丰利选择进军农业。2021 年，在厦门集美区农业农村局的支持下，和丰利与一著名农业示范基地确定合作关系。和丰利配送干冰到大棚基地，为大棚里的小番茄提供气肥——二氧化碳，这是响应国家号召，参与国家战略，践行双碳目标，也是正式进军农业的标志。

在碳资源整合方面，林欲晓的想法是继续探索丰富的碳资源，加大碳资源的回收利用，这样和丰利的产业链在关键环节就全了，从干冰、设备、保温箱、冷链箱再到碳资源，如此一个全产业链运营的企业将能更好地把握未来的发展机遇。

林欲晓看懂了这一切，和丰利在行动。

和丰利，未来可期。

林欲晓
厦门和丰利集团董事长

和丰利在干冰领域进行研发探索，
依靠全体员工本着锲而不舍的工业精神，
使之成为行业的标杆。

—— 林欲晓

东亚机械
股票代码 | 301028
捷豹 JAGUAR

第五篇

东亚机械：永磁螺杆空压机领军企业

佟文立

气候变化是人类面临的全球性问题。在此背景下，中国提出了碳达峰和碳中和目标——二氧化碳排放力争于 2030 年前达到峰值，努力争取 2060 年前实现碳中和。

空气压缩机是现代工业重要气体动力提供装置，同时也是出了名的"电老虎"。据不完全统计，空气压缩机用电量占全国发电总量的 9.5%~10%，在工业领域空压机占企业用电的 10%~35%，个别行业占比 65% 之多。而空气压缩机在使用周期中，70%~80% 的成本来自能耗、电费。

正是在这样的大环境下，机械装备行业在"碳中和、碳达峰"的背景下迎来新的机遇。为促进节能高效产品的推广应用，多年来工信部每年发布"能效之星"目录。

位于福建省厦门市同安区的厦门东亚机械工业股份有限公司（以下简称"东亚机械"）旗下品牌捷豹永磁螺杆机已经在 2018 年、2019 年、2020 年连续三年荣登工信部"能效之星"榜首。

空气压缩机

水、电、气是工业生产中的三大动力,其中压缩空气是仅次于电力的第二大动力能源。空气压缩机是一种通过压缩的方式使低压气体转变为高压气体,从而将原动机(通常是电动机)的机械能转化为气体压力能的气压发生装置。作为工业现代化、自动化的基础动力产品,空气压缩机是现代工业活动中必不可少的设备之一,广泛应用于装备制造、汽车、冶金、电力、电子、医疗、纺织等工业领域。

新中国成立初期,随着工业化进程的开始,中国的空气压缩机行业也开始兴起。但迟至20世纪70年代中期,中国才研制出第一台螺杆压缩机。随后,空气压缩机市场的主流产品也经历了由活塞机到普通螺杆空压机,再到永磁变频螺杆空压机的升级迭代路径。

经过半个多世纪的技术积累,中国除少数超高压和特殊气体空气压缩机外,产品品类已基本能够满足国内市场需求。目前,中国应用较为广泛的空气压缩机设备主要为螺杆式空压机、活塞式空压机。其中,螺杆式空压机因其性能优越且品类多样,已成为空气压

缩机市场中份额占比最大的细分产品。

按照压缩气体的方式划分，空气压缩机主要分为容积式压缩机和速度式压缩机两大类。

活塞式空气压缩机就是一种常见的容积式压缩机。

回转式（旋转式）空压机是通过一个或几个部件的旋转运动来完成压缩腔内部容积变化的容积式空压机。螺杆空压机是回转容积式空压机的一种，其工作原理是在螺杆主机中平行配置的一对螺旋形转子，螺旋形转子的回转运动使它们之间及腔内的空气体积逐渐减小，从而实现对气体的压缩和动力的传输。

按是否采用永磁同步电机，螺杆空压机可以分为永磁螺杆空压机和普通螺杆空压机。而永磁同步电机要比普通电机省电。

按照气体在压缩过程中是否与油接触，螺杆空压机又可以分为喷油螺杆空压机和无油螺杆空压机。目前，喷油螺杆空压机凭借其制造成本优势，在中国空气压缩机市场处于主流地位；而无油螺杆空压机可以满足食品、医疗、电子、半导体等对空气洁净度有严苛要求行业的需求。

螺杆主机是螺杆空气压缩机的核心部件，其性能直接决定了整机的性能水平和产品质量。螺杆主机的技术核心地位主要体现在转子的设计技术难度和加工难度。

转子设计的关键是型线设计，基于微分几何、空气动力学、流体力学、工程热力学、传热学等基础理论，通过三维空间的齿面型线设计实现螺杆式空压机的关键机械性能，转子设计的优劣可以影响压缩机80%以上的技术指标。螺杆主机的关键参数设计需要专门的设计软件，通过模拟仿真技术取得转子运动模型检验设计结果。

螺杆机组装流水线

转子加工主要决定螺杆转子的齿面和端面精度，齿面精度决定了转子的啮合性能，直接影响螺杆主机的效率、噪声和可靠性；端面精度决定了转子的定位精确性。转子的加工工艺对转子的质量有重大影响，需要企业长期的生产经验积累，转子的加工设备主要是精密磨床和铣床。

目前，国内大部分的内资压缩机企业不具备螺杆转子的自主设计能力，东亚机械是中国大型的容积式空气压缩机专业生产企业以及国内少数掌握螺杆空压机转子型线核心技术企业之一，其研发实力名列国内前茅。

跨海创业

出生在台湾农村家庭的韩萤焕，学成后便步入社会打工赚钱。

30岁时，恰逢祖国大陆改革开放，韩萤焕当时心向大陆，毅然决然前往创业。

1990年，韩萤焕从中国台湾搭乘飞机到中国香港，再到深圳关口，最后搭乘汽车来到厦门。韩萤焕选择厦门的想法比较纯朴，厦门与中国台湾同宗同族，生活习性也很相近，可以缓解台胞的思乡之情。

韩萤焕在中国台湾的时候就从事空气压缩机行业，那时候是做活塞式空气压缩机，来到大陆后只做空压机这件事，从直接式小活塞机到工业用的活塞式压缩机，一步一步到后来的永磁螺杆机。

经过近30年的专业化生产制造，东亚机械培育出家喻户晓的空气压缩机品牌"捷豹JAGUAR"，产品包括螺杆式空压机、离心鼓风机、螺杆真空泵、活塞式空压机等整机系列以及后处理设备等相关配套设备及配件。

1991年，作为与当时的北方工业公司合资的厦门东亚机械有限公司正式成立。

1994年，东亚机械旗下的"捷豹JAGUAR"商标注册成功。如今，"捷豹JAGUAR"品牌已成为业内知名品牌，有数百万台捷豹JAGUAR设备正在全世界很多国家和地区运行，并荣获福建省著名商标、福建名牌产品、厦门市优质品牌等荣誉称号。

1996年，东亚机械在国内率先推出直联活塞机，实现国产替代意大利产品。

2002年，东亚机械从德国购买零配件装配出螺杆机EAS15R/7。但韩萤焕认为核心技术被卡脖子，大量中国外汇被德国企业赚了却被德国人瞧不起。于是，他下定决心研发攻克技术壁垒，自主掌握核心技术。

2005 年，东亚机械开始与西安交通大学和厦门大学等高校合作，自行研发螺杆机技术，并成为我国第一家使用国产机床设备制造螺杆机的企业。

2008 年，东亚机械成功实现自主研发生产螺杆机头，成为国内掌握核心技术的少数企业之一。在螺杆机国产化之前，阿特拉斯和英格索兰等跨国公司卖给中国客户的螺杆机每台高达 8 万元人民币，而在完全国产化后，螺杆机的价格已经降到 2 万元以下。

2015 年，东亚机械推出永磁变频螺杆式空气压缩机。作为划时代的一个产品，把永磁变频的技术和螺杆式空气压缩机进行了完美的融合，节能高效，稳定运行的优秀品质，获得广大用户的认可与肯定。

2016 年，东亚机械荣获工信部"能效之星"称号，并在随后的连续 3 年中荣获"能效之星"行业榜首。

2020 年 12 月，企业标准领跑者管理信息平台颁布了"2020 年度非制冷设备用压缩机·企业标准'领跑者'"名单，东亚机械的捷豹永磁螺杆机再一次成为认证的能效"领跑者"。企业标准"领跑者"制度是通过高水平标准引领，增加中高端产品和服务有效供给，支撑高质量发展的鼓励性政策。

成立至今，东亚机械先后斩获的荣誉无数，包括"厦门最具成长性中小企业"称号、"全国压缩机产业最具创新奖""国家高新技术企业""福建省企业技术中心""福建省制造业单项冠军""福建省科技小巨人企业""厦门市工业设计中心"以及"厦门市科技进步二等奖"等等。

作为东亚机械的创始人，韩萤焕在精进事业的同时也不忘回馈社会。2018 年，韩萤焕发起"台商爱心基金"，个人捐资助学达

500多万元，受到社会各界好评。韩萤焕先生于2017年被授予厦门市"荣誉市民"光荣称号！2020年暴发的全球性新冠疫情，东亚机械捐赠100万元助力抗击疫情！

核心技术优势

截至2021年6月，东亚机械共拥有实用新型专利52项，研发技术人员近100名，占公司员工人数的13.32%，在螺杆式空压机型线设计、节能环保等方面形成了核心技术优势。

自成立之初，东亚机械始终保持"循序渐进、稳扎稳打"的稳健发展风格，并从1999年起就确立了"自主开发、自主生产、自主销售、自主服务"的十六字方针，围绕空气压缩系统高可靠性、高能效、低噪声、高清洁度等方面开展创新研究，通过打造先进空气压缩系统研发与产业化应用平台，自主掌握了螺杆机主机型线设计及高精度加工技术、永磁变频中间压力控制系统、全封闭液冷永磁电机技术、三PID控制的二级压缩螺杆式空压机、串联式二级压缩永磁变频螺杆机技术、超低压大排量螺杆空压机技术、一级压缩集成式螺杆主机开发技术等，持续推动空气压缩技术的优化和升级。

首先，螺杆转子型线的设计是东亚机械研发工作的重点。目前，东亚机械公司已经开发出了60多种转子型线，转子型线设计能力在业内处于领先水平。

其次，东亚机械是国内较早采用永磁变频技术提升空压机能效水平的企业，采用永磁电机并结合变频控制技术，根据用气量的多少变频调速来自动满足用户的需求，可使空压机在大部分时间处于变量负载状态，减少无用功的损耗，节能效果明显。

公司产品

此外，为防止电机转子因自身具有的强磁性吸入不必要的污染物（如铁粉、尘土等），东亚机械创造性地采用全封闭液冷式整体式的电机外壳结构，电机外壳设计一层供液体流动的通道，用于冷却电机，使永磁电机时刻保持全封闭低温状态，保证永磁电机永不失磁。作为技术实力在业内遥遥领先的企业之一，东亚机械涵盖了设计、铸造、钣金、焊接、喷涂机加工、组装、实验等配套生产流水线，自制率高达90%以上，形成了一体化生产优势。空气压缩机的生产过程工序繁杂，技术含量高，并且如螺杆型线设计、主机生产等多项核心技术为业内少数企业掌握，大部分企业难以做到对整机设备的完全自主化生产，通常以部分零部件的生产或者对外购件进行组装加工作为主要生产模式。而东亚机械的工艺链条涵盖螺杆转子加工、电机转子装配等，使产品设计具备工艺实现基础，拥有更大自主掌控度，能够从设计优化、工艺优化等多个维度协同实现产品能效提升、减震降噪等性能优化，无须依赖上下游供应，产品品质得到保障。

正是立足于"应用一代、研发一代、储备一代"的产品和技术创新战略，东亚机械陆续开发出具有国内领先和国产替代特征的永磁变频螺杆式空压机、永磁变频二级压缩螺杆空压机，产品包括螺杆式空压机、活塞式空压机及配套设备等系列300多种型号。此外，顺应智能化和信息化的发展趋势，东亚机械还研发出具备物联网功能的空压机，上线了捷豹永磁螺杆机智能物联网系统，提升了空压机运行状态的数字化和可视化程度，实现了对空压机的精确调试、远程监控、预警维修，实现安全预警、维保提醒、异常状态及非正常操作记录存档等。

作为核心技术优势的体现，东亚机械螺杆机产品的能效水平在业内处于领先水平。自2013年压缩机列入工信部"能效之星"评选范围以来，东亚机械的产品凭借"优于能效一级"的领先能效水平多次入选工信部《"能效之星"产品目录》，入选机型共计8款，入选数量位居行业第一；2017~2020年，公司产品凭借优异的能效水平连续4年入选工信部《国家工业节能技术装备推荐目录》，入选机型共计48款，近三年入选数量位居行业第一。

东亚机械在现有永磁螺杆机技术的基础上，正在与国际空压机设计先驱企业SRM合作开发干式无油螺杆机，与美国NREC公司采取买断式合作方式开发离心式空气压缩机，以填补公司在速度式空压机领域的产品空白。

通路和定价权

除去核心技术优势带来的产品能效水平领先外，东亚机械在行业内的另一竞争优势体现在具有对产品的定价权。东亚机械的定价权，除去产品在技术方面的品质因素外，也与"通路"（中国台湾用词，等同于大陆的"渠道"）和销前、售中及售后服务体系的建立密切相关。

在销售模式方面，东亚机械不断改进。售前方面，东亚机械会根据客户需求，派员对用户的生产用气情况、场地情况等进行了解，为用户量身设计气站，并推荐合适的产品方案，在客户设备方案设计阶段即为客户提供综合性压缩空气系统解决方案；售中方面，东亚机械培育建设了一支品牌忠诚度高、销售能力强、服务水平专业的经销商队伍，经销商通过设备销售、空气销售等多元化模式为下游不同规模、不同行业、不同需求特征的企业提供空气动力服务，满足其多元化空气动力需求；售后方面，东亚机械的经销商对公司设备的设计理念、内部构造等十分了解，能够为终端用户提供及时、专业的维修保养服务，有利于满足下游企业的连续、稳定的空气动力需求。

自1994年捷豹品牌建立后，东亚机械就开始布局"通路"（渠道），在全国各地建立销售服务中心，将捷豹的品牌文化传递给最终用户，提高捷豹品牌的知名度。

目前，东亚机械的500多家销售服务中心在国内已经形成以广东省、浙江省、江苏省、福建省为中心的销售区域，辐射北京、天津、上海、山东、河北、江西、辽宁等周边地区的营销网络布局，逐步完成了对国内主要区域的全面覆盖。同时在中国各中心城市设立便捷的客户服务中心，销售服务网点布局全国主要经济区域，提供近乎 24 小时快速服务响应。此外，东亚机械的捷豹空压机产品还远销法国、意大利、南非、墨西哥、美国、马来西亚、印度尼西亚、越南等 40 多个国家和地区。

在东亚机械看来，建立销售服务中心不仅可以保证终端用户买到正品"捷豹 JAGAUR"牌空气压缩机，提高用户黏互性，还可以有效提供及时的售后服务，提升品牌价值。

以营销网络布局为基础，东亚机械还打造了独创性的经销商体系，从产品咨询、技术支持、售后服务等方面给加盟商提供多元化和全方位的支持。

通过在全国范围内设立的 500 多家销售网点，东亚机械有 2000 多位售后服务人员会给合作伙伴提供及时的产品信息咨询、定期的技术培训指导和 24 小时的售后响应，为经销商群体提供现场技术支持，满足不同场景下的各种需求。此外，东亚机械还向代理商提供一系列优惠政策，集成互联网推广、线下广告宣传、B2C 等综合平台，投入上千万元的费用在展会和店面装修以及线上推广上，助力代理商伙伴增强市场核心竞争力。

在空气压缩机行业的经销体系中，东亚机械的经销商体系堪称一大特色。

东亚机械的经销商体系被外界号称为"紫色军团"，他们深耕行业多年，拥有最为专业的产品知识、最为贴心的服务、最为强大的销售能力。他们恪守初心，坚守岗位，脚踏实地，以客户为中心，以奋斗者为本，为东亚机械的蓬勃发展默默地发挥自己的光和热。

展望未来

2020年，东亚机械的销售收入达到6.3亿元。据《中国通用机械工业年鉴（2018）》《中国通用机械工业年鉴（2019）》《中国通用机械工业年鉴（2020）》显示，2017年、2018年和2019年，东亚机械主营业务收入在主要动力用空压机厂商中均排名第五。

韩萤焕先生表示："东亚机械将不断强化品牌，为打造'百年企业'而努力！2021年7月，在深圳证券交易所创业板成功上市的东亚机械也将实施新的里程碑后的战略规划——在未来三到五年时间里，将立足于现有产品所取得的成果，以本次成功上市募投项目为契机，加快实施募集资金项目，通过提升研发实力和先进工艺设备的推广使用，扩大生产规模，扩充产品线，提升公司市场份额，保持行业技术领先优势并加快国产替代进程。"

展望未来，东亚机械的研发和技术创新计划将围绕无油螺杆机、离心式空压机等新设备机型开展，包括产品的研发和生产工艺、生产线改造，并着重从螺杆主机设计改善和设备设计优化等方面着手，分步实现产业化；市场开发计划是将在持续巩固现有空气压缩机业务的基础上，积极寻求潜在客户群体，进一步扩大在国内螺杆式压缩机应用领域的市场份额，并向离心式压缩机市场逐步渗透，同时实现由国内市场向国际市场的拓展。

东亚机械，将与广大同行一起，为把中国空压机行业做强做大，贡献自己的一份力量！

第五篇　东亚机械：永磁螺杆空压机领军企业

韩萤焕
厦门东亚机械工业股份有限公司董事长

没有祖国的改革开放就没有东亚机械的发展，要把爱国之心、振兴之志转化为创新之举，努力奋斗，是时代的呼唤，也是企业必行之责。

——韩萤焕

第六篇
华晔精密：从濒临绝境到国内龙头企业

骆 丹

  一部手机媲美一台单反。从 2000 年 10 月夏普发布世界上第一台能够摄像、像素仅有 11 万的手机夏普 J-SH04 开始，短短 20 年间，手机已经取代相机成为普通人必备的摄像工具。隐藏在这场对用户使用习惯进行革命性变革的背后，是手机镜头的跨越式发展。手机镜头由若干镜片、隔片（隔圈）和压圈、镜筒等部件组成，在其中，最常为普通人所谈论又属镜片，然熟不知，镜筒在其中扮演着极其重要的角色，其起着遮光、支撑等作用，对于镜头成像、内镜片固定牢靠、延长手机镜头使用寿命等功能都有着重要的影响。在中国的中高端手机市场，很大一部分镜筒部件都来自位于厦门市集美区环珠路的厦门华晔精密模具有限公司（以下简称"华晔精密"）——在中国手机镜头镜筒领域，华晔精密整体市场占有率达 36%（仅针对客户外发镜筒，自制不算入），中高端手机镜筒占有率更高达 70%。

  华晔精密是一家致力于精密模具及精密塑料件的研发与制造，特别深耕于精密光学镜头模组中核心结构件开发、制造的高新技术企业。从 100 平米的生产场地到超过 10000 平米的工厂，从三位创始人到如今近 300 名员工，从濒临绝境到成长为该领域的龙头企业，华晔精密的"隐形冠军"之路为更多企业发展提供了可借鉴的经验蓝本。

敏锐创新：绝处逢生

2008 年 2 月 18 年，时值正月十二，当神州大地还弥漫在"过年"的喜悦中时，华晔精密在厦门市集美区市场监督管理局正式登记成立。这是典型的"平民"创业：三位年轻的创始人家境普通，此前都是普通的上班族，华晔精密总经理、创始人黄信智犹记得，当时为了筹措创业资金，几位创始人都拿出了自己"全部家当"，而黄信智更劝服父亲用"祖产"抵押贷款，准备奋力一搏。在当时，他们盘下一家做机加工的小店，场地面积约 100 平方米，开始致力于模具的生产与制造。模具，被誉为"工业之母"，是工业生产的基础工艺装备，在 2008 年之前的几年，中国模具行业一直保持着每年 20% 的增长速度，可以预见，伴随着中国制造业发展的巨大势能，模具行业将迎来进一步的繁荣，广阔的市场前景为每一个进入的企业都提供了大有可为的机会。然而，在 2008 年创业可能并不是一个好的选择。

2008 年 9 月，由美国次贷危机引发的全球金融危机走向失控，全球市场受到严重冲击，就模具行业而言，自 9 月份开始，模具订单逐月减少，最终，2008 年中国模具行业的增长率回落 10 多个百分点，以 9.2% 的增长率惨淡收官。而这样的市场行情，对于一家新创立、无市场基础的公司来说是致命的，黄信智说："我们根本没有订单,创始人大概一年没有拿薪水,借钱给员工发工资,很慌,真的很慌。"黄信智甚至萌生出"自己去上班,拿工资补贴工厂"的想法。不过,当时间进入 2009 年,华晔精密的创始人们决定"最后赌一把",抱着"不成功便成仁"的决心,华晔精密举债购买了两台二手的注塑机,增加注塑项目,主营业务向产品端扩展。

华晔精密的这次"赌博"成功了,黄信智说:"这步棋算是走对了,虽然后面也比较难,但熬一熬你就可以看到光了。"2010年,华晔精密营业额增长了 3 倍。在后来,华晔精密总结一路以来的创业历程时,将"敏锐"二个字摆在了最前列,所谓敏锐,即有敏锐的嗅觉,洞察环境的瞬息万变,提前预见风险与机遇,及时积极应对变化。在创业的前期,华晔精密的敏锐体现在对于公司主营业务的适时调整,"创业第一年的资金不够,而模具的回款周期长,

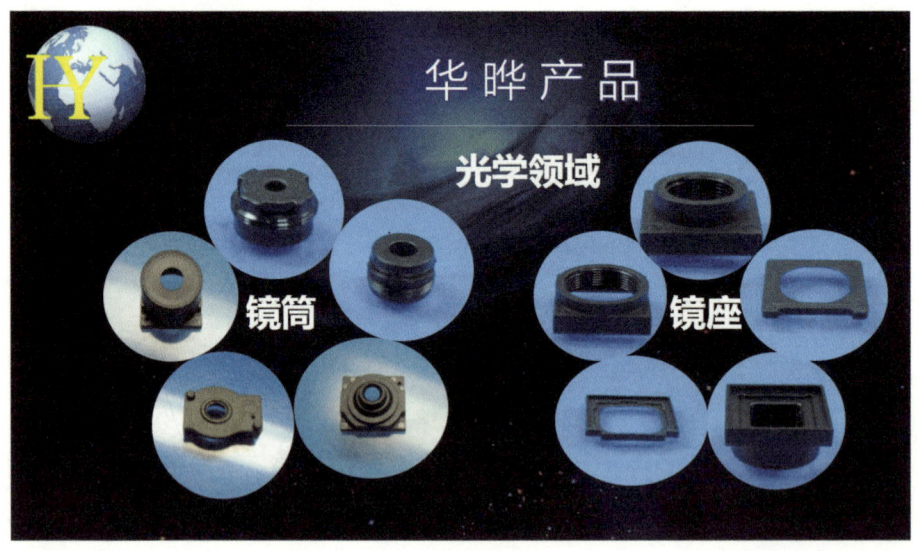

公司主要产品

一直做下去很可能就倒闭了，所以我们调整到注塑领域，缩短回款周期，缓解资金链压力。"黄信智说。从此时起，华晔精密的定位也逐渐明晰——不再单纯售卖模具，而是以模具为核心优势，致力于精密模具和精密塑料件的研发和制造，打造模塑一体化的服务方式。此外，华晔精密的敏锐还体现在对于细分领域的准确判断——进入手机镜头领域。在2008~2010年，拍照工具仍是相机的天下，而在手机领域，诺基亚还是一方霸主，苹果手机正如日中天，但是当时的诺基亚 N95 和 N97 以及 iPhone 4 都只有 500 万像素，手机像素刚实现从看得到到看得清的转变，直到 2011 年，主流手机像素才提升到 800 万，实现从清晰到高清的转变。而在当时，华晔精密就坚信手机摄像在未来的影响空间，专注于手机镜头领域的研发，在 2010 年就完成高像素手机镜头部品的开发及量产。截至目前，其光学镜头模组的产品已经包括镜筒、底座、支架、压环和音圈马达载体等高精密零件。

此后，华晔精密的发展走上快车道，2012 年华晔精密的生产场地由最初的 100 平方米扩展到了 7000 平方米，2014 年，华晔精密通过国家高新技术企业认定，在同一年，华晔精密迎来更多行业大客户，为满足客户产品需要，华晔精密全线升级，全面导入高精密电动注塑机及自动化生产设备。

居安思危：布局关键技术领域

随着企业规模的扩大与市场份额的提升，华晔精密在市场逐渐站稳脚跟，但现代市场瞬息万变，诺贝尔经济学奖获奖者詹姆斯·莫里斯在谈到中国企业发展时，就特别提道："(中国民营企业）想要一直保持高增长态势不是一件简单的事情，企业应该居安思危，不能因为第一步走好了就麻痹大意，而要不断地预测和掌握市场动向。"这与华晔精密的发展策略不谋而合，他们希望以模具加注塑为核心竞争力，紧跟市场需求，布局关键技术，建立起竞争壁垒，以保证企业保持良性健康向上发展态势。2015年，华晔精密引进镀膜机，在全行业首创镜筒＋镀膜的模式，并成立曜昀光电科技（厦门）有限公司（以下简称"曜昀光电"），专门为客户提供专业化薄膜设计、光学镜片、光学镜头、光电模组等镀膜服务的业务。在镜头领域，由于玻璃和空气折射率不同，光线进入镜片时会产生反射，反射光将减少镜头的进光量，甚至造成鬼影（Ghost image）等不良现象，而随着高像素镜头的不断升级，镜片数量不断增加，这将进一步影响进光量，于是，能够减少光的反射、增加透光率的镀膜在光学镜头领域显得越来越重要。后几年加入华晔精密，现担任曜昀光电总经理的林文桦拥有10多年镀膜领域的经验，林文桦介绍说，精密光学薄膜对镜头实际应用效果起着至关重要的作用，已经成为光学镜头行业的关键技术热点，曜昀光电采用先进的真空镀膜技术，薄膜的厚度控制已经达到纳米级别，截至目前，曜昀光电已可为客户提供镜座镀膜、镜片镀膜、双面AR+AF、IR-CUT、激光类、其他金属镀膜等产品，基于公司在纳米薄膜的深度研究成果，林文桦说，后续将针对性面向终端客户提供相关定制化产品开发。

2018年至今，由于贸易摩擦、疫情的多因素影响，手机市场呈现出疲软状况。根据中国信通院的统计数据，国内手机市场总体出货量累计3.08亿部，同比下降20.8%，而根据调研机构Counterpoint Research的最新数据，2021年二季度中国的智能手机销量环比下降 13%，同比下降了 6%。疲软的市场对手机产业链相关企业造成影响。但在市场不景气的背景下，华晔精密从 2008 年至今却实现了多次里程碑式发展：2018 年，产值规模突破 1 亿元；2019 年，生产场地扩充至 10000 平方米；2020 年，华晔精密主营产品销售收入达 1.72 亿元……一方面，这是因为华晔精密在高端镜头核心配件中的开发能力，注塑成型及特种镀膜等领域拥有领先的研发和生产能力，其产品与服务深获华为、三星、OPPO、vivo 等业界手机龙头客商的信赖，订单量稳定；另一方面，"多条腿走路"也为华晔精密的稳定发展提供了保障，据介绍，华晔精密所服务的行业，已经涉及手机终端客户、消费者娱乐行业、汽车安全行业、生物医疗行业、安防监控行业等相关民生产业，除了高精密光学镜头模组之外，华晔精密所提供的高精密锁具注塑件、卫浴产品注塑件、助听器厂家生产助听器外壳等产品，凭借其高稳定性、高质量，成为市场众多细分行业知名品牌的供应商，在市场上得到广泛运用。

团队力量：打造真正的核心

在手机镜头领域，如今高端镜筒结构件的精度要求被誉为接近其"物理极限"——2 微米，如此高精度的要求，对生产制造结构件的设备提出至高要求，为此，华晔精密斥巨资打造了一整套的模具与注塑的世界级的高精尖基础设备，如三菱放电机、碌碌高精密 CNC、西部慢走丝切割机，发那科注塑机、沙迪克注塑机……不过，黄信智认为，设备是基础，但企业的最关键的竞争力源于"软实力"，"这些高端、尖端的设备，你只要砸钱都能买到，你想买但是买不到的东西才是关键。"黄信智说,华晔精密拥有的"非卖品优势"在于技术和经验。

对于模具行业来说,技术壁垒是区别企业层次的核心壁垒之一。首先,模具具有定制化特性,企业需要根据客户的技术要求制定特定的方案;其次,在模具生产制造过程中,涉及CAD/CAM仿真设计、加工成型、热处理、注塑等等流程,每道工序烦琐且对下一道工序影响巨大;再次,塑胶产品更新换代速度快;这些都要求企业在研发、设计和加工技术各个方面均具有较强的技术实力。为此,华晔精密集结了一批技术专家资源:创始人团队均来自光学产业的世界龙头企业,公司员工近300人,其中技术型员工占比高达65.2%。

生产车间

除了技术壁垒外，经验壁垒也是影响模具行业企业发展的重要制约因素。从技术人员上说，模具相关技术属于"资历型"工种，如一个精通型模具设计师常需要5~8年的经验积累；从管理上说，模具生产制造与注塑涉及的工序繁多，任何一道工序的微小失误可能造成修模、重制模具、产品返工等不利影响，企业需要长期的经验积累，才能建立一套适合自己的行之有效的流程作业标准和管理模式，避免人为因素造成的损失。对于华晔精密而言，其核心团队成员平均工作年龄均超过15年，公司任职10年以上骨干达16.5%，而10多年对于模具与注塑的专注则切实为华晔精密的发展提供了丰富的实践经验，黄信智说："我们跟进了10多年，从产业链刚刚起步到今天更尖端更精密的需求，我们是一步步累积出来的，这和用资本砸出来的完全不一样。"

无论是打破技术壁垒还是经验壁垒，说到底都是人的问题。除了从创立之初就积累的一批骨干成员，华晔精密更希望培养和储备更多的人才资源。2010年，教育部贯彻实施"国家卓越工程师教育培养计划"，旨在培养造就一大批创新能力强、适应经济社会发展需要的高质量各类型工程技术人才，为国家走新型工业化发展道路、建设创新型国家和人才强国战略服务；2015年，福建省出台《福建省教育厅关于加快推进现代学徒制项目建设工作的通知》，希望建立以"院校与企业双主体育人、教师和师傅双导师教学、员工和学生双重身份"等为主要特征的省级示范性现代学徒制建设项目，培养更多面向市场需求的专业型技术人才。对此，华晔精密积极响应政府号召，成为国家级卓越工程师&福建省现代学徒制材料成型及控制工程专业实践教育基地，通过校企合作、共同育人的方式，培养了一批批应用型人才。

此外，为了保障人员的稳定性、技术的传承性，早在2015年，华晔精密就开放了员工持股平台，并在2018年成立厦门华晔企业管理合伙企业（有限合伙），就综合各方面的表现满足公司设定的条件者给予股权激励，迄今为止，已有40余位核心员工入股。"这个过程也是做团队的凝聚，团队的人心、技术和经验，也是我们真正的核心。"黄信智说。

感恩共荣：实现三赢

走进华晔精密，办公环境简单而整洁，上至总经理下至普通员工均穿着灰色的工装，呈现出一派"朴素而踏实"的企业氛围。黄信智认为，制造业是一个必须得实干苦干的产业，"以专业的态度，做专业的事，专业地做事"，从而为客户、为社会提供极致的产品和服务：接到客户需求后，华晔精密的模具设计师团队利用UG软件进行3D设计，在传统模具设计的基础上，应用数字化设计工具，以提高模具设计质量和缩短模具设计周期；进行模流分析，透由科学的生产仿真工具及方法，完成注塑成型的模拟仿真，模拟模具注塑的过程，得出相关数据，将问题发现在设计前端并做出对策解决；而在生产制造环节，华晔精密的技术研发人员则以"工匠精神"为动力，从模具用垫片、注塑模具浇口等各个细节处进行突破创新，对模具结构进行多元化创新研发，以求更高的精度、更大的稳定性和更低的成本，为客户创造价值。

与此同时，华晔精密在确保模具结构的创新研发基础上，实现一模多穴。在模具注塑领域，一模多穴可以有效为客户提高产量和降低成本，但对如何保持产品尺寸精度的统一性提出了更高的要求。"客户要求是开一模8穴的模具,华晔可以研发开到一模16穴甚至更多穴的模具。"黄信智介绍说,并且实现生产出的产品外观、形状、穴号、尺寸精度、一致性均确保在客户要求的精度范围内。

截至目前,华晔精密在各种模具结构创新研发过程中已取得拥有所有开发模具的自主知识产权,已获得3个发明专利及近40个实用新型专利。

不过,黄信智认为,模具开发与注塑是一个系统性工程,"有些问题并不是单单说从模具上改进就能克服,也需要从材料上改性去提升。"2021年1月,在国家知识产权局专利网上公布了两项发明专利:一种导电聚碳酸酯复合材料及其制备方法;一种导电环状聚烯烃复合材料及其制备方法,目前均已进入实质审查的生效阶段。这只是华晔精密在材料上进行的众多创新之一,黄信智说:"针对客户特殊的需求,我们在不影响它原本特性的基础上,对材料进行改进,让生产过程的良率更高,不良率下降,产品更有竞争力。"说起来简单,但这些技术凝聚的是华晔精密一个拥有着材料学硕博士及在材料改性二三十年经验的技术骨干团队的夜以日地攻坚克难。不过,背后的努力被黄信智一言带过,只是说:"这一块我们不去彰显,这个东西我们就是为了服务客人。"

一切为了客户,是华晔精密价值体系的逻辑起点,在其企业价值观里,以客户为出发点,客户、公司与员工构成了利益"共同体":为客户创造了价值,将为公司创造利益,将利益与员工分享(如提升员工待遇、开放员工持股平台等),员工将发挥更大的主观能动性,持续以更高性价比的产品及服务赢得客户的信赖。"信任协作,互惠共赢",10多年的经验积累,华晔精密建立起了客户、公司与员工"共同三赢、共荣发展"的良性循环体系。

深猷远计：打通产业链

一以贯之，模具加注塑是华晔精密发展的主干道，成立13年来，华晔精密凭借着在主干道上的优势，在以国内高端品牌客户为主，兼顾国外高端品牌的市场上占据着领先优势。对于未来，华晔精密的计划明确而周密：以产业链为抓手，为企业发展修建起更坚实的"护城河"。

向产业链上游延伸，华晔精密已经在光学原材料的创新开发上取得成功，并在各厂家的试用中取得不错的反响和好评，该项目预计在2021年投入量产，这将为企业成本的降低和竞争力的提升增加保障。

而对于华晔精密正处于的模具加注塑领域，华晔精密则准备有步骤地进行产品领域的扩展，按计划，华晔精密的光学镜片模具将于2022年投产。黄信智介绍说，从生产制造角度来说，镜片模具的要求没有镜头结构件那么复杂，虽然其精度要求较高，但可通过尖端设备实现，"其实这相当于是降维，从结构复杂的产品去简单结构的东西"。黄信智相信，镜片模组的投产将进一步增强华晔精密在客户端的黏性。

模具制造与注塑成型具有先天的优势，关键技术纳米薄膜日渐成熟，镜头结构件与镜片投产，当所有的"东风"都准备好之后，华晔精密打通产业链的布局呼之欲出——借助现有成熟工艺，再搭建的后端组装工序，进行光学镜头的开发与制作。在光学镜头领域，视频监控、智能手机和车载摄像头为三大终端市场，随着中国智慧城市、安全城市建设的不断加码，对安防光学镜头的市场需求不断增大；而在汽车领域，随着汽车智能化、自动驾驶技术的不断推进，车载摄像头发展进入快车道；此外，伴随着5G、云计算技术的不断成熟，智能家居、无人机、AR/VR、可穿戴电子设备等新兴消费电子产业对于光学成像的需求不断提升，黄信智相信，在政策利好带动下，这个巨大的市场空间将为华晔精密的发展提供新可能。按照计划，该项目将于2023年正式投产。届时，华晔精密将完成自有产品链的建设，凭借着在整个产业链各个环节建立起的竞争优势，将极大地扩充公司产值与利润，为华晔精密带来又一次里程碑式的发展飞跃。

黄信智
华晔精密总经理、创始人

华晔以高品质的产品为客户创造价值,为员工赢得未来。

——黄信智

第七篇
思泰克：三维无损光学检测设备的世界级供应商

佟文立

在汽车电子、消费类电子、工业控制、通信终端设备、家用电器、电脑及周边设备制造等电子装配制造领域，表面贴装（SMT）都是必不可少的生产环节。在表面贴装生产流程中，锡膏印刷往往都会产生很多缺陷，直接关系到后续电子元器件贴片的质量。对于减少印刷流程中产生的焊点缺陷，进而降低成本和减少废品带来的损失，锡膏检测（Solder Paste Inspection，SPI）设备就成为表面贴装（SMT）生产线上不可或缺的检测配置。

2020年，中国市场SPI设备的销售总量超过4000台，其中国产品牌和进口品牌设备各占一半左右，而其中31%的市场份额也是单一最大份额的供应商是位于福建省厦门市火炬高新区（翔安）产业区厦门思泰克智能科技股份有限公司（以下简称思泰克）。

据不完全统计，作为国内3D SPI细分行业排名第一的龙头企业，思泰克生产的3D SPI产品占国内品牌的市场份额近50%，3D

SPI 单项产品的销售规模在全球范围内也是排名第一。

成长历程

近年来，随着中国逐步成为全世界的电子产品制造中心，全球 90% 的印制电路板分布在亚洲地区。目前，中国 SMT 生产线大约 6 万条，贴片机总保量超过 11 万台，自动贴片机市场规模已占全球 40%。可以预见的是，今后相当长一段时间内中国仍将是世界最大的 SMT 市场。

但在中国国内市场上，基于机器视觉技术的检测设备渗透率一直较低。即使以目前国内机器视觉技术应用最为领先的电子制造行业，机器视觉检测设备的渗透率仅达到 20% 左右，国内表面贴装 SMT 每条生产线平均仅配备不到 2 台机器视觉设备，远低于国外同行业平均 3 台的水平。其中一个重要原因是，在 2010 年以前，一台外国品牌的 3D SPI 售价都是 10 万美元起。

而自 2010 年起，一个由在表面贴装 SMT 和电子制造行业沉浸多年的团队创建的公司，

逐步在国内 SMT 细分行业领域树立了国产 3D SPI 的品牌领先优势和地位，不仅在产品功能和性能指标等方面达到与国际顶级产品竞争的水平，而且通过具有明显的性价比优势，将国内用户采购使用 3D SPI 的成本降低了一半以上。

作为思泰克创始人之一的董事长陈志忠，自 1984 至今长期从事电子设备的生产和销售，对电子制造业积累了丰富的经验。

作为思泰克创始人之一负责技术研发的总经理姚征远，早年在上海西门子的手机制造部门从生产技术人员做到研发经理，是思泰

公司厂房外景图

克的技术研发学科带头人。

思泰克的第三位创始人张健,出身富士德公司的销售总监,对贴片机行业有着深刻的了解。

思泰克的第四位创始人林福凌,早年在夏新电子做到制造工程部经理,后来在夏新工程塑胶有限公司任经理。

思泰克创始团队中的范琦,从德国汉诺威回国,一直从事图像算法的研究。

这几位组成的创始团队,从思泰克成立起至今都保持着稳定的分工负责领域,他们的共同想法就是以"新技术,引领,新发展"为理念,以国际化、品牌化、专业化、系统化为目标,将思泰克打造成全球领先的SMT制程智能检测设备提供商。

自创立起,思泰克先后推出了高速三维锡膏检测系统(3D-SPI)和高端三维自动光学检测装置(3D-AOI)。思泰克制造的三维无损检测设备,从锡膏印刷的质量检测到炉前和炉后的贴片质量检测,完美解决了 SMT 制程全线贴片工艺的质量检测需求。

2010 年,思泰克制造的国内首台白光 3D SPI 上市,填补了国内的空白。

2014 年,思泰克成为国家高新技术企业。

2016 年,思泰克正式登录新三板,成为公众公司。

2017 年,思泰克通过 ISO9001 质量体系认证,ISO9001:2015 标准认证,安全生产标准化三级企业认证,成立上海分公司。

2018 年,思泰克的设备出货突破 1000 台,成立深圳分公司,通过了环境管理体系 GB/T24001-2016 idt ISO14001:2015 标准认证、职业健康安全管理体系 GB/T28001-2011 idt OHSAS18001:2007 标准认证。

2019 年,思泰克的设备出货超过 1200 台,3D AOI 发布,通过了知识产权管理体系标准 GB/T29490-2013 认证。

2020 年,思泰克获得商务部信用认证企业称号,思泰克科技园正式动工。

截止目前,思泰克通过一个凝聚力超强的团队整合了技术、生产、销售、售后、管理等五大模块,共拥有 59 项自主知识产权,其中包括发明专利 5 项,实用新型 30 项,外观设计 6 项,软件著作权 18 项;以先进的设计及生产工艺,成就了 3D SPI(包括桌面型 T 系列、在线型 InSPIre 系列、S 系列、F 系列、Ultra 系列等)和 3D-AOI(在线型 A 系列)两大系列产品。

思泰克的设备产品销售累计已经超过 5000 台,直接服务客户超过 1500 家,主要分布在广东、江苏、上海、浙江、四川及福建等地。据不完全统计,思泰克的产品在各地市场占有率分别为广东

45%，江苏 65%，浙江 60%，重庆、四川 70%，福建 60%；富士康和比亚迪等电子代工巨头都已是思泰克 3D-SPI 的最大用户之一。

近几年，虽然以思泰克为代表的 SPI 国产设备迅速崛起，逐步替代进口设备，但由于国产品牌进入市场时间短，国内 SPI 行业标准目前还空缺。2017 年，思泰克开始制定 SPI 企业标准并不断完善，目前正着手规划牵头制定国内 SPI 行业标准。

目前，思泰克在厦门总部和上海分别设立研发中心，在上海和深圳设立分公司，在天津、重庆和台湾设有办事处，在国内的苏州、昆山、合肥、武汉、南昌、长沙、成都和贵阳以及海外的越南、印度、马来西亚、菲律宾、捷克和墨西哥设有服务据点，以全天候 24 小时的售后服务团队，保障客户的机器正常运行，实现客户的生产优化提升。

3D SPI

2011 年，当思泰克将 3D SPI 设备投放到国内市场时，只有类似于富士康的少数几个高端制造商认识 3D SPI 设备的价值，中国本土的中小制造商大多不知道 SPI 是什么。思泰克只得先培养市场，把设备拉进这些中小制造商的工厂，通过展示和评估，告诉客户 SPI 能够做什么事情。

一条典型的表面贴装（SMT）生产线，需要经过几个主要工序环节并配置相应的设备：印刷机→ SPI →贴片机→ AOI →回流焊→ AOI。

其中，印刷机用于印刷 PCB 线路板锡膏，配置在贴片机的前面；SPI，可以使用 3D SPI 或焊膏测厚仪，是将印刷在 PCB 板上的锡膏（红胶）的质量测量出来的设备；回流焊炉，负责将已经贴装好的 PCB 线路板和元器件的焊料融化后与主板粘结；AOI，用于贴片机之后，叫作焊前检查，用于检测元件焊接之前的贴装不良，如电子元件的偏位、反向、缺件、反白、侧立等不良，也可用于回流焊炉后面，叫作焊后检测，检测电子元器件回流焊炉之后的焊接不良，偏位、缺件、反向的再检测和焊点的多锡、少锡、空焊等不良。

在早期，对于表面贴装（SMT）生产线的厂商来说，贴片机和回流焊炉作为生产设备是必需的，技术方案仅是把锡膏印在电路板上，然后用贴片机把元器件安装在电路板上，然后回流焊就完事了；在当时检测设备对于厂商来说完全就是多余的成本投入。

但随着电子制造工艺的越来越复杂，电子元器件越来越小，拥有生产线的客户会出于质量控制的需要开始要求生产厂商增加 SPI 工序和设备。

如果锡膏在电路板上没有印刷好，后续的电子元器件的贴片质量就会受到很大影响。很多电子制造厂商的做法是将不良品进行返修。但对于追求产品极致的美国苹果公司的 iPhone 的制造来说，是不允许返修的；对于锡膏印刷质量不过关的富士康来说，就只能扔掉，从而造成成本的极大浪费。

据统计，一条表面贴装（SMT）生产线的 70% 不良率和锡膏印刷控制有关，使用 SPI 检测设备可以将 70% 不良率中的 95% 解决掉。对于富士康这样级别的客户，一台 3D SPI 设备的投入可以通过节省成本在两年内收回。

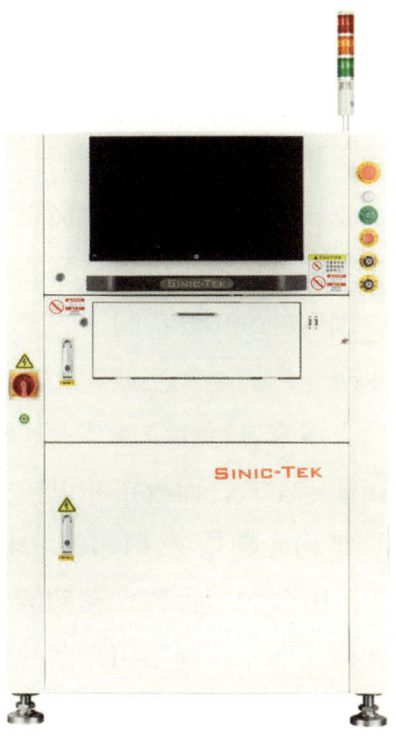

公司产品

思泰克的 3D SPI 产品的核心技术为国内领先的可编程结构光调制光栅（PSLM）专利技术。

思泰克研发的可编程结构光调制光栅（PSLM）技术采用基于相位调制轮廓测量技术（PMP）形成全光谱结构光栅，光栅投影到印刷锡膏上，程序控制相位移动，在印刷锡膏表面形成多幅变形光场图像。此时，通过用工业照相机捕捉不同相位的图像，并采用 8~10 比特的灰阶分辨率，实现了分辨率动态从 0.37~10 微米可调，最终再由计算机进行图像处理，利用三角测量等几何算法得到测试结果，实现对精密印刷锡膏的三维测量。

相位调制轮廓测量技术（Phase Measurement Profilometry，简称PMP），又称为相移轮廓术（Phase Shift Profilometry，简称PSP）是一种基于正弦结构光栅投影，离散相移获取多幅变形光场图像，再根据多步相移法计算出相位分布，最后利用三角测量等几何方法得到高精度的高度、面积、体积测量结果。而思泰克的技术方案通过对被测物体进行8次采样，保证了设备检测的高重复性精度。

与思泰克相比，国内的SPI设备制造商大多采用传统的固定摩尔光栅技术，该技术对光栅周期无法调整，需要由陶瓷压电马达通过机械装置驱动玻璃光栅来进行相位调节，通常2~3年后会出现精度失真，基本寿命在2年左右，而校正和更换的费用极其昂贵。

思泰克的可编程结构光栅技术（PSLM PMP）采用的是国际尖端技术的PSLM部件，10年免费保修。在功能上，更是可以通过软件提供不同的结构光栅周期；控制结构光栅的相位变化，实现无任何的机械传动部件和无损耗；在不增加任何部件的情况下，调整有效检测高度（550um到1200um可调）；甚至可以使相移误差趋向于"0"，提高了量测精度。

思泰克的3D SPI产品的另一技术特点是有专利授权的高低曝光技术（D-Lighting）。

常规的SPI采用的白光光源对PCB的颜色是不会产生影响的，但对于黑色（Dark PCB）和高亮度的PCB板（陶瓷PCB），由于这两种PCB对结构光栅的反射程度与普通的PCB不一样，所以成像时会显示较暗的图像，造成数据精度受影响，检测误报会大幅度增加。而思泰克采用的D-Lighting技术，在采样的8张照片中，以4张为一组，分别用高曝光模式和低曝光模式，在设置软件中可选择黑色、普通、高亮度的选项，能够完美处理不同反光度及不同颜色的 PCB 板。

思泰克的 3D SPI 产品还具有有专利授权的 RGB Tune 有源 2D 照明光源技术。

目前，SPI 在遇到的桥接误判主要有两个方面：助焊剂或白线的高度造成短路误判；助焊剂的高度造成相对零平面上升导致的少锡误判以及把助焊剂当成锡膏面积偏大误判。

思泰克的 3D SPI 产品通过 RGB Tune 有源 2D 照明光源的算法，可以分辨出锡膏与杂物之间的颜色差异；测试高度很低的短路；修正相对零的计算方式，达到减少误判，提高检出率的目的；显示出彩色的不良图片，方便作业员通过不良图片就可以确认是真实的不良还是误判。

思泰克的 3D SPI 产品还有一项专利授权的 Multi-Head 多头技术。这项思泰克独创的获得国家发明专利的技术，采用 3 个不同颜色的结构光从间隔 120°的不同角度对锡膏进行检测。相比传统的白色结构光栅交替拍照，Multi-Head 多头技术可多方向同时拍照，提高检测速度。也是让客户需求能够更灵活配置，进行可选装单头，双头或多头。

此外，思泰克的 3D SPI 产品还具备动态 Mark 点识别、Z 轴仿形动态补偿和远心镜头实现静态补偿等特点。

作为对工业 4.0 境界实现的追求，思泰克的 3D SPI 产品可以结合客户工厂的实际需求，实现从程序编制、客户界面、缺陷分析、工艺数据统计等全方位的技术保障。

思泰克的 3D SPI 产品具备与印刷机闭环控制功能。只需印刷机向思泰克的 3D SPI 开放通讯协议，就能够实现闭环控制。当 SPI 测到有漏印后，给印刷机发执行清洁钢网的指令；印刷机自动执行钢网擦试清洁动作；SPI 把测试发现的 XY 轴偏移量传输给印刷机，印刷机读取后判断是否需要修正（可多片参考并由印刷机使用者确定）；并执行预设动作；提高印刷质量。

思泰克的 3D SPI 产品还具备条码数据追溯系统及三点照合功能。通过条码追溯系统，借助服务器可以将 SPI、炉前 AOI 和炉后 AOI 进行照合。

在数据可追溯方面，思泰克开发了多种数据格式的端口，能够将 SPC 系统连接到客户端的 MES 系统，简单、快速、准确地把数据传入客户端的 MES 系统中。

思泰克的 3D SPI 产品能够与贴片机之间进行 Badmark 信息共享。只要贴片机向 SPI 开放通讯协议，每张 PCB 上贴装或打印条码，SPI 选配条码识别模块，

SPI 就能够把测到的坏板信息传给贴片机；贴片机接收到相关信息后，贴片时直接跳过坏板进行贴片，节约了贴片机需每个子 Mark 都要识别的时间，极大地提高了多拼板时的贴装效率。

思泰克的 3D SPI 产品不仅提供常规的 SPC 工具，更是具备特有的 Multi PCB View 功能能同时处理 2 组不同的数据，并在一个工具内进行比较和分析。对于不同生产线，不同组别的处理非常方便。此外，还提供客户报表输出设计，可按客户要求的报表格式提供输出。

思泰克的 3D SPI 产品具备能够实现 5 分钟编程的能力。10 万焊盘 Gerber 文件，可以在 10 分钟内完成 Gerber 转换（有的品牌要几个小时）；测试软件针对同类型焊盘数量超过 10 万点时，没有任何限制（有的品牌限 4 万点）；可以直接合并两个不同 Gerber 文件在同一个测试程序中（其他厂商 SPI 需第三方软件合并，额外需

要 15 分钟以上）；业界最快的 Gerber 转换功能。支持 274x，274d，CAD 导入；最便捷的拼版编辑功能；支持人工编程，在没有 Gerber 数据的时候也可以编程。

多机互联，一人管控多台设备，是为实现工业 4.0 提供数据互联以及智能制造的重要场景。多机互联，能够节省产线人员，将所有产线 SPI 数据通过网络传到控制主机上，可实现远程控制；同时，可通过网页版 SPC 实时监测每条生产线的状态，了解每个时段的印刷良率。

目前，思泰克 3D SPI 产品可以选配强大的联网功能，实现 1 台主机控制 8 条产线。

3D-AOI

2018 年，思泰克在 3D SPI 产品的基础上开始研发 3D-AOI 产品，并于 2019 年正式投入市场。

与 3D SPI 的图像采集使用 1~2 个光学镜头进行 8 张照片的处理不同，3D-AOI 需要使用 4 个光学镜头进行 40 张以上的照片拍摄和处理，这也使得光学投影系统需要重新设计并升级。

思泰克的 3D-AOI 产品依然采用自己首创的运用可编程结构光栅（PSLM）技术，配置有高帧数 CoaXPress 相机、高景深远心镜头、自主研发多频投影头（4 或 8 个）

以及自主研发的多角度多分区 RGB+W 光源。

思泰克的 3D-AOI 产品还采用创新性的 AI 智能无缝拼图技术，达到肉眼不可分辨级别。对于传统 AOI 的 FOV 与 FOV 接缝处遇到的影像不齐、颜色不均匀、图像扭曲等问题，都得到了完美的解决,并提升了检测框的定位精度,减少程式调试时间。

思泰克的3D-AOI产品的技术特点还包括3D+2D本体定位技术,通过采用3D本体定位技术,2D定位技术作为辅助,保证Chip与IC等元器件的本体与PIN脚定位准确,以及保证黑色等特殊元器件的本体定位准确。

思泰克的3D-AOI的关键算法包括IC翘脚高度检测、焊点检测、轮廓检测和色环电阻检测。

与3D SPI产品相比,思泰克采用了重新自主研发的增强型多角度、多区域、可调制的RGB+W+同轴的2D光源设计,适用于各种情形下的元器件与焊点及文字的检测。

思泰克的3D AOI产品采用智能程序编辑方法,以及模板式的参数设置方式,方便快速编写与调试程式。

为保证业内领先的测试速度,思泰克的3D AOI产品采用了高帧数的CXP相机方案。该方案的相机采用CoaXPress(CXP-6)标准,1200W分辨率,帧率可达188帧。其中的CoaXPress是一种非对称的高速点对点串行通信数字接口标准,该标准容许设备通过单根同轴电缆连接到主机,以高达6.25G比特/秒的速度传输数据。

为实现覆盖SMT的所有应用,思泰克的投影头检测方案提供4投影头+8投影头作为选择。每个投影头都具备多频投影能力,4头可达到玻璃摩尔纹8头效果,8投影头具备更高精度的量测能力。

得益于3DSPI的成功研发,思泰克的3D AOI产品具备完善的SPC分析软件与闭环控制的开发经验,确保3DAOI的测试数据能得到完整的统计与分析,并且能够方便追溯。

展望未来

自成立以来,思泰克始终专注机器视觉检测设备领域,以提升制造业自动化、智能化、信息化水平作为发展方向。

近年来,以 SMT 设备为主的电子整机装联设备行业发展迅速,随着电子元器件尺寸的不断缩小,预计未来 5 年内,全球 SMT 市场仍将以 10% 左右的复合年增长率增长。

展望未来,思泰克仍将以"新技术引领新发展"为理念,致力于制造具有国内外一流水平的机器视觉检测设备,进一步深耕机器视觉行业的 3D 技术升级、AI 人工智能技术运用等领域,在消费电子、汽车电子、半导体、通信设备等电子信息制造业领域,积极拓展产品在上述细分行业的应用;并将以现有 3D SPI 及 3D AOI 产品为基础,加大研发投入,拓展 Micro LED 焊膏检测设备、半导体封装银浆检测设备、X-Ray 检测设备等新产品线。

陈志忠
厦门思泰克智能科技股份有限公司董事长

新技术，引领新发展！

——陈志忠

第八篇
锋元机器人：锋头精妙、元气满满的铝焊专家

崔人元

以新科技革命和新产业变革为主要特征的新工业革命正在全球范围蓬勃兴起，高端制造业、智能化和新能源是国家大力提倡大力支持的领域。"赛道"和"风口"是近年的两大热词，厦门锋元机器人有限公司（以下简称"锋元机器人"）就在多条热门赛道的风口上，并且健步跑在了前列！

锋元机器人的大时代来临了！请看，国内外各大新能源汽车及各配套厂商，例如，比亚迪、宁德时代、中航锂电、吉利、上汽、北汽、广汽、小鹏、理想、零跑、丰田、本田、大众、中国航天、中国兵器、中国中车等都采用了锋元机器人的产品和服务，锋元机器人在众多汽车厂家的生产线上大展身手、创造价值。

2021年的厦门，夏天来得比较早，天气早早就开始热起来了。可是，我们来到厦门锋元机器人有限公司的厂区，明显感觉这里更热：工友们在车间干得热火朝天，加班加点成为常态，热烈的气氛让人感受到一股奋进的力量！

从绝地求生到行业领先

"你别看现在我们一派生意兴隆、红红火火的景象,其实我做这个企业,可以说是已经死过一回,又重新活过来了!"锋元机器人董事长沈钦锋对我们说道,"创业过程真是太难太难了,这年头制造业又不好干,但不好干也得有人干。我们这些人总想着为国家的发展做点贡献,为社会创造些价值,也为家人和员工的美好生活多创造点经济收益。"

2001年,沈钦锋牵头创办了厦门实启机械有限公司。开业后的相当长一段时间内,因为当时市场比较粗放,公司的经营管理也是粗放型的,能有什么活就干什么活,什么来钱快就做什么,甚至老板也说不清公司主要是做哪些业务的,就这样一度也赚了一点钱。但是,这种经营模式不但做得很累,而且公司没有积攒下可以在市场上打得响的技术、产品、渠道和声誉。市场在变化,各种产品细分市场的竞争也变得越来越激烈,说好听点公司是"多种经营",可实际则是样样通样样松,没有撒手锏技术,没有拳头产品,在市场买家眼中就成了会点三脚猫功夫。没过几年,公司就沦落到负债1000多万元,员工纷纷离职的境地。

"沧海横流,方显英雄本色。"艰难困苦最能考验人。能扛事,意志坚定,追求赢,不轻易认输是企业家最重要的品质之一,沈钦锋就是这样的企业家,著名闽南语歌曲《爱拼才会赢》,唱出了他心里那份比石头还硬的拼劲。沈钦锋咬牙忍受着公司濒临破产的煎熬,时刻想着怎么办?怎么活下去?一边拼命为公司续命,强撑着公司,一边更加冷静地观察着市场,思考着翻身的出路,向各路朋友请教学习,改革公司的经营行为等,渐渐地,公司又有了一些起色。在带领公司绝地反击、杀出生路的过程中，沈钦锋逐渐形成了比较清晰的公司发展战略、市场定位和经营思路，决定将公司的业务进行大调整，面向高端制造、智能制造和新能源制造的市场需求，聚焦于成为专业化的一流铝焊专家和铝焊解决方案供应商。

沈钦锋是魄力和行动力极强的企业家，为了宣示公司这个重要的战略转变，更好地开拓市场，2011年，他以厦门实启机械有限公司为支撑和王志友另成立厦门锋元机器人有限公司。锋元机器人从此进入了发展的快车道，成长为国内市场上名列前茅的集研发、生产、销售和服务为一体的铝焊机器人系统集成商，并向打造"有色金属机器人铝焊系统第一品牌"迈进。

企业厂房外景

锋元机器人专注于铝合金自动化焊接设备的研究和开发，利用自身优势，通过不断的技术积累和研发攻关，陆续攻克了铝材焊接领域工艺的多项难题。凭着在铝及有色金属机器人焊接自动化工艺和系统方面的丰富经验，锋元机器人已经先后推出了双工位焊接机器人工作站，三工位焊接工作站等系列产品，已经广泛应用于运动器材、童车、自行车、电动车、五金等行业。

这里有必要补充说一下行业发展的背景，否则容易将锋元机器人的业绩等闲视之。20 世纪 70 年代，中国就开始研制机器人，经过半个世纪的发展，对主要类型的机器人产品都能生产了。据中国机器人产业联盟统计，中国在 2013 年就已超过日本成为全球第一大机器人生产国。目前，从应用类型来看，搬运机器人成为国内销量最多的机器人，排在第二位的就是焊接机器人。焊接机器人中，铝焊接工艺是高难度的，因为铝焊的铝合金是非常敏感的，只要跟空气接触就会形成氧化，由于铝及铝合金具有导热性强而热容量大，线胀系数大，熔点低和高温强度小等特点，熔点熔深很不好掌握，搞不好就烧穿或者焊接不牢固。所以，锋元机器人解决的铝焊问题就显得特别有意义。

在新能源汽车发展的风口

新能源汽车是近年方兴未艾、迅猛发展的产业风口。多年来，全球汽车消耗石油产生的能源问题日益紧迫，汽车排放废气带来的环境问题也备受关注。新能源汽车成为缓解能源危机、降低温室气体排放、减少环境污染的有效途径之一，而且成为新的科技突破点。我国把新能源汽车确定为战略性新兴产业，随着国际经济发展竞争形势的演变，国家不断加大政策对新能源汽车的扶持和推广应用，使之在汽车产业转型升级中扮演着越来越重要的角色。

新能源汽车与传统燃油汽车不同，以电池作为动力来驱动车辆运行，其受动力电池重量、动力电池续航里程的制约以及汽车节能减排政策的高压，在车辆设计和材料应用上，车体轻量化成为新能源汽车车企首先要考虑的问题。因此，电池驱动的新能源汽车比传统汽车更迫切需要车身减重。在汽车轻量化材料中，铝合金材料的综合性价比要高于钢、镁、塑料和很多复合材料，无论是在压缩和焊接方面，还是运行安全性及循环再生利用方面，都具有无法比拟的优势。铝合金材料的密度只有钢材的 1/3，其减重和节能效果明显，这也决定了铝合金材料成为汽车轻量化应用的首要选择。铝合金具有重量轻、强度高、耐腐蚀性能好、无磁性、成形性好及低温性能好等特点，因此被广泛地应用于各种焊接结构产品中。采用铝合金代替钢板材料焊接，能够使得结构重量可减轻 50% 以上。以前多采用钢材料来制作动力电池托盘的新能源汽车制造厂商，已经越来越多地开始选择密度更小的铝合金材料来制作电池托盘。电池托盘作为动力电池的主要承载部件和新能源汽车电池组的重要组成部件之一，其自动化程度成为决定产品质量与生产效率的重要因素。

虽然新能源汽车行业呈现爆发式增长，但国内焊接设备类型的供应商力量却普遍比较薄弱。锋元机器人决定抓住新能源汽车这个历史的大风口大机遇，从此乘风破浪、风鹏万里。2018 年，锋元机器人进入新能源汽车行业，为行业企业提供相应的焊接设备以及产线规划和设计，很快就以先进可靠的技术装备和服务成功地与多家新能源汽车企业和汽车配套厂建立起了紧密的合作关系，锋元在

电池托盘机器人焊接工作站

全国铝焊市场份额达到70%。

　　锋元机器人坚持自主创新，从不吝啬研发投入，研发费用销售收入之比远高于同类企业。公司的研发团队的主力成员具有多年的行业经验，并具备很强的研发能力。公司已通过ISO9001：2015质量管理体系认证。公司产品在知识产权方面也加强了管理，目前已申请实用新型专利15个、发明专利1个；申请发明专利2个、实用新型专利5个（在审核过程中）。

　　近几年，研发团队根据新能源汽车市场的变化和需求，研发出一系列具有行业领导性的产品。三回转机器人焊接工作站，双机器人随变位机一起回转，三轴水平翻转；一字型行走机器人焊接工作站，采用"双机器人+双工位"一字行走的布局方式，可同时配合导轨搬运机器人进行自动化上下料；平行行走机器人焊接工作站，采用"双机器人+双工位"平行行走的布局方式，可缩短人工上下料走动的距离。同时还根据客户的需求定制相应的工装夹具，实现了一套工作站只更换工装夹具就可焊接不同产品。

进入新能源汽车行业以来，锋元机器人的发展接连跨上新台阶。目前，在新能源汽车行业领域，锋元机器人已提供轻量化铝合金零部件（如电池托盘、保险杠、副车架、仪表盘支架等）的自动化焊接设备及相关生产线设计规划服务。研发出的"电池托盘焊接工作站"，为新能源汽车底盘制作提供一站式服务。通过杆件加工、板件加工、杆件焊接、总成加工以及总成焊接等专业的铝焊接步骤打造一流新能源汽车电池托盘。

但正如前面说过的，铝焊接是高难度的，所以锋元机器人解决铝焊接这个难题，对于新能源汽车企业是非常重要的。"铝焊接方法按照焊接方式分为三类：第一类是非熔化极氩弧焊；第二类是熔化极氩弧焊；第三类是冷金属过渡焊CMT。我们通过使用焊接系统配合机器人来共同完成新能源汽车电池托盘的焊接任务，帮助车企提高质量和生产效率、降低成本，而且焊接处紧固又美观。"锋元机器人公司副总王志友介绍说："锋元机器人现在给新能源汽车厂商用户所提供的，不是简单的装备，而是为客户提供一个系统的铝焊接解决方案。"

一个典型的电池托盘焊接系统解决方案，通常包括框架焊接工作站、总成焊接工作站和部件焊接工作站。

对于框架焊接工作站，在技术上需要尽可能地通过电流和焊丝的回抽控制来实现熔滴的无飞溅。如果电流过高，熔滴爆断就不受控制，易产生大量的焊接飞溅。只有保持电流非常低，同时通过焊丝的回抽来完成熔滴过渡，才能使得焊接过程超低飞溅，或者只有在焊枪角度非常差时产生少许的飞溅。这种超低飞溅的焊接要求不仅减少了焊后处理的麻烦，而且保持了电池托盘表面干净整洁。

对于底板焊接工作站，在技术上要求在焊接薄板时热输入量低，并具有优异的桥接能力，才能满足了电池组后续的装配要求。同时，内角焊缝持续焊接不间断，焊缝无焊渣、无裂缝、无气孔且表面成美观的鱼鳞纹（我们觉得很像银色钱串，整齐好看，还忍不住伸手摸了摸），从而加强电池托盘的结构强度并满足了气密性检测要求。

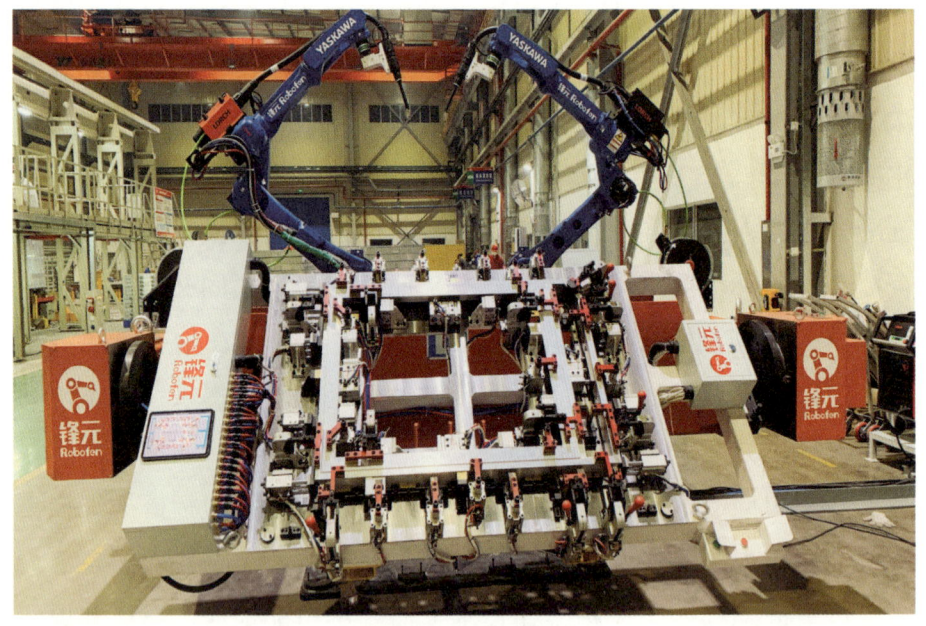

电池托盘焊接夹具

对于部件焊接工作站，在技术上需要采用PLC可编程传感控制系统，使得焊接时反应速度快、噪声低、能耗小、体积小、功能强大和编程方便。同时，工作站之间采用总线通信，在数据收集和逻辑控制的应用中提高可靠度，且设置容易，才能解决系统复杂等问题以达到节省系统整合时间及成本的目的。

要当隐形冠军

沈钦锋介绍："锋元机器人除了要将第二代机器人和机器人工作站做得更完善外，在第三代机器人的研发上也已经取得了不少进展。"根据自动化技术发展程度的不同，目前工业机器人可分为三类（代）：一是示教再现型机器人，需要由操作者将完成某项作业所需的运动轨迹、运动速度、触发条件、作业顺序等信息通过直接或间接的方式对机器人进行示教，由记忆单元将示教过程进行记录，再在一定的精度范围内，重复再现被示教的内容。当前工业领域大量应用的焊接机器人多属此类。二是智能感知型机器人，具有一定智能、能够通过传感技术（触觉、激光、视觉等）对环境进行一定程度的感知，并根据感知到的信息对机器人作业内容进行适当的反馈控制，比如，对焊枪对中情况、运动速度、焊枪姿态、焊接是否开始或终止等进行修正。现在采用接触式传感、视觉、激光跟踪等方法实现焊缝自动寻位与自动跟踪的焊接机器人可以归为此类。三是当前还无成规模实用案例的第三代工业机器人，除有一定感知能力外，还有一定决策、规划能力，如能够利用计算机处理传感结果并对焊接任务进行规划，或根据焊接过程中的多信息传感进行智能决策。

"锋元机器人现在的发展势头良好。除了我们公司上下团结一心地拼搏，还要感谢很多人，像福建省工业文化协会的专家，帮助我们确立了聚焦铝焊主业，成为隐形冠军这个重要的战略方针。锋元机器人将积极参与市场竞争，加强新产品、新技术的研发，并在国家政策的指导下，利用社会资源，积极培养铝焊工程师、项目管理和技术管理人才以及复合人才。"说到人才，沈钦锋还特别提到了王志友："别看他比较年轻，但是个很优秀的人才，在技术、营销和管理上都有长处。他是跟我一起吃过苦的人，是能与我一起拼的好帮手、好战友、好兄弟。年轻人思想活跃，对新东西接受比较快，他在网上用短视频销售锋元机器人，效果蛮好的，有一些客户就是在抖音上看到我们才来找我们的。"

"我们也面临的两个困难：一是招聘优秀研发人员和高级技术工人，我们可说是求贤若渴；二是想扩大生产规模，但企业的发展用地相当紧张，还希望有关方面能帮助解决。"沈钦锋说道，"但是这些困难也是厦门很多制造业企业所面临的。我们自己也在努力想办法克服。办法总是比困难多，爱拼才会赢！"

是的，爱拼才会赢，何况还在好赛道好风口。锋元机器人一定能成为世界铝焊界的隐形冠军！

第八篇　锋元机器人：锋头精妙、元气满满的铝焊专家

沈钦锋
锋元机器人董事长

用我们的专业知识替客户把关，
为其提供最具性价比的解决方案。
　　　　　　　　　——沈钦锋

第九篇
纳路环保：重新定义除尘行业

佟文立

矽肺、血铅超标、大爆炸……自工业革命以来，伴随着全球工业的迅猛发展，工业粉尘引发的一系列问题不断刺激着人们的神经。自1852年，美国人S.T. Jones申请第一个除尘器专利开始，人们通过工业除尘技术的不断改进，奋进在"让工业发展与健康安全并行"的道路上。

除尘设备是指将粉尘从烟气中分离出来的设备，自第一台除尘器被发明以来，美国和西欧各国引领着尘源控制和除尘技术的研究与应用。不过，随着我国的工业发展和绿色经济的要求，中国创新了一大批除尘技术成果，形成一批具有规模和国际竞争力的企业，纳路（厦门）环保科技有限公司（以下简称"纳路环保"）就是其中之一。在短短的13年时间里，这家国家级高新技术企业的除尘系统就在新能源锂电行业领域排在了全国第一位，并且还成为中国唯一一家防爆除尘器获得欧盟ATEX防爆认证并出口到欧洲的企业。毫无疑问，对于一家致力于环保、健康、安全的企业来说，创业路上的敏锐意识、科技前沿的苦心探索、标准制定的话语权，不仅会为企业本身带来丰厚的回报，更会给整个社会带来福祉。

公园创业，品牌为基

一个企业的发展是时代发展的缩影。21世纪以来，中国进入全面化、快速化工业发展阶段，与此同时，随着经济发展与环境污染之间的矛盾凸显，国家对环境保护工作日益重视，工业粉尘是其中关注的重点之一，在此背景下，工业除尘器产业的产值逐年增加。纳路环保的创始人、现任纳路环保董事长陈东春与总经理李华斌就是在这个时候进入的这个产业——2008年11月，纳路环保正式注册成立，主要代理各品牌工业除尘器，其设备主要应用于有色金属、制药等行业领域。

陈东春与李华斌的骨子里天生带着一股"闯劲"，两人原本是漳州师范学院（现为闽南师范大学）的同学，毕业之后，他们放弃了大多数同学选择的在家乡做教师的安稳生活，前往厦门闯荡，在外贸行业摸爬滚打多年后，两人在机缘巧合下进入了工业除尘行业。对于当时的陈东春与李华斌来说，除尘是一个全新的领域，两人依靠外贸积累的销售经验，抱着"技术边做边学"的闯劲开始了创业之路。创业的最初时期，陈东春笑用一个"惨"字来形容：没钱租赁办公室，就把公园当作"露天办公室"，两人很早就从家出来，在公园打电话联系客户，"当时找了很多无用的客户，遭到了无数的拒绝。"陈东春回忆说。

转机出现在2009年。当时，上海A股上市企业紫金矿业集团股份有限公司（以下简称"紫金矿业"）的一个实验招标，纳路环保获得投标资格，"我们当时很兴奋地'杀'过去，但真的为这个项目愁得头发都白了。"陈东春说。在当时的竞标中，纳路环保的难处在于，纳路环保是一家新成立的企业，资历尚且，而其设备价格在所有竞标厂家中最贵，毫无竞争优势。紫金矿业相关负责人甚至对陈东春直言不讳："我们不可能接受这么贵的东西。"然而，在一轮又一轮的交流中，纳路环保凭借着设备在技术上的优势，逐渐赢得紫金矿业的信任，最终拿下了这张订单，陈东春感慨说："我们靠着技术一点一点扳回来，拿到订单后我们俩才松一口气，后面慢慢地，也从我们两个人开始有了团队。"

2011年，纳路环保获得国家六大稀土集团之一的厦门钨业股份有限公司（以下简称"厦门钨业"）的青睐，成为其除尘设备供应商。在同一年，纳路环保广州分公司开业，2013年，纳路环保又在上海"开疆扩土"建立分公司，不过，陈东春把这两次的"走出去"称为"不是特别成功的尝试"——对纳路环保的市场扩展并没有太多成效。但陈东春认为，这两次尝试为纳路环保未来的发展积累了宝贵的经验：其一，陈东春与李华斌在各区域看到了除尘系统的广阔市场，他们坚信进入这个行业未来发展的可能性；其二，陈东春与李华斌意识到了品牌的重要性，"没有品牌，就没有基础，就很难竞争"。在当时，陈东春与李华斌做了一个对于纳路环保今后发展至关重要的决定：夯实纳路环保的品牌力，将品牌往高端做，找准产品针对的行业领域寻求突破口。最终，纳路环保将目光瞄向了新能源汽车锂电池产业。

敏抓趋势，精准入局

事实上，早在2012年陈东春就对锂电池发展有了自己的见解。

2011年9月，上海发生引起全国热切关注的"康桥血铅事件"：由于上海江森自控国际蓄电池有限公司等企业在生产铅酸蓄电池过程，排放的废气废水铅含量超标，造成周围儿童血铅超标。随后，环保部门出重拳对铅酸蓄电池行业进行整顿。就在这时，陈东春敏锐地意识到，锂电池行业也必将迎来越来越高的环保安全要求。在电动车行业，铅酸电池与锂电池为使用最为广泛的两类电池，从1881年法国工程师古斯塔夫·特鲁夫造就第一辆铅酸电动汽车开始，电动车行业一直都是铅酸电池的天下，直到2008年，特斯拉使用三元锂电池造就其第一台电动汽车，使得动力锂电池成为行业的"香馍馍"，再加上国内新能源汽车扶持政策不断加码，中国动力锂电池行业蓬勃发展，逐渐诞生了一批在国际上威名在望的锂电池龙头企业，宁德时代新能源科技有限公司（以下简称"宁德时代"）就是其中最令人瞩目的企业之一。当纳路环保将企业的业务布局锚定在锂电池上时，他们精进勇敢地选择了直接拓展市场的龙头企业——宁德时代。

在纳路环保的办公室，保存着一张为宁德时代设计的原始方案图，对于纳路环保来说，这张图具有里程碑式的象征意义，其得来更是颇具波折。在工业除尘行业，存在着严格的资力壁垒，规模小、品牌弱的企业通常难有获得认可的机会。2014~2015年，纳路环保多批派往宁德时代的销售人员都吃了闭门羹。直到2015年年底，纳路环保得到了一次验证技术实力的机会："宁德时代"的某一焊接工序，由于电解液的存在，使用的软管几乎每周烧一次，宁德时代希望纳路环保对此做出改善。纳路环保立即召集技术人员进行方案设计，经过验证，纳路环保改善后的方案，半年都未发生过烧灼现象。一举解决客户痛点，纳路环保赢得了"宁德时代"的

"好感","宁德时代"向纳路环保伸出橄榄枝——参与锂电池除尘项目的竞标,经过多轮PK,从单个设备更换到整个新基地的除尘系统承接,双方合作逐步加深,时至今日,纳路环保已经成为"宁德时代"的第一次序供应商。

回顾纳路环保的发展历程,陈东春将纳路环保取得成就的最重要因素之一归功于"天时",即市场大环境、行业大趋势,陈东春说:"这也是国家给的机会,行业给的机会。"一方面,纷至沓来的新能源汽车政策,助推了锂电池在内的新能源汽车配套产业的发展;而另一方面,2014年8月2日发生的震惊全国的"昆山工厂重大铝粉尘爆炸事故",再一次将工业粉尘治理推上风口浪尖,全国展开了粉尘类企业安全生产专项检查和整治,并在国家层面,联合有关单位和专家开始起草编写组相关法规标准,纳路环保是其中参与制定者之一,全国企业响应政策要求,积极对企业的粉尘处理系统进行改造。在这样双重背景的推动下,工业除尘产业不仅迎来了快速发展时期,甚至被"重新定义"。陈东春介绍说:"市场上很多单个除尘器都是按铁的重量在卖,价值含量低,而且安全也没办法管控到位。"而纳路环保所代表的系统集成的方式,其除尘系统包含集气吸尘罩、进气管道、除尘器、风机、温湿度传感器、系统稳定装置等一系列配置,保证过滤后的洁净空气达标排放及自然补风,并保障系统持续高效率、稳定运行。"现在我们一条产线低的十几万元,高的要二三十万元,还有那种大系统的一套100多万元的,来源就是这里。"陈东春说。除尘系统的不断创新在切实保障客户的生产符合安全标准的同时,也提升除尘行业产品的市场价值。

2017年,"宁德时代"首超日韩名企,成为全球动力电池装机量第一的企业，随后连续 4 年蝉联榜首，时至今日，根据调研机构 SNE Research 公布的最新数据显示，在"2021 年上半年全球车载动力电池装机量前十企业榜单"中，中国企业占据五席（宁德时代、比亚迪、中航锂电、国轩高科和远景动力），市场份额合计高达 43.2%，向世界证明着中国动力电池的强大发展势能，得益于此，自 2018 年起，纳路环保也进入了"大跨步式"发展阶段：2018 年营业额超过 5000 万元；2019 年营业额为 8500 万元；2020 年营业额达 1.63 亿元；2021 年其销售额超过 3 亿元。

甘于寂寞，技术为先

纵观工业除尘产业的发展可以发现，其客户经历了对除尘一无所知到深入了解，从政策下的"被动选择"到环保意识提高的"主动拥抱"的巨大转变，陈东春认为在"漫长的产业蝶变过程"中，除尘设备企业需要做的是甘于寂寞、心无旁骛，用工匠精神重视技术研发，用核心技术打造市场竞争力。

在纳路环保组装车间旁，有一个面积约 300 平方米的实验室，实验室里配置如风速仪、电阻分析仪、粉尘浓度分析仪、温控仪、噪音仪等研发设备。实验室一直都是纳路环保极为重要的"核心中枢"，纳路环保拥有的众多专利技术便诞生于此。2020 年 10 月，纳路环保成功研发国内首台防爆除尘系统和防爆螺旋性投粉机的技术，这将对整个行业将产生革新性影响。工业粉尘作为工业生产过程中产生的有害物质存在的一种主要形态，不仅会引起皮肤病、尘肺病等身体疾病，在有限的空间内，达到足够的浓度，一旦遇到火星等引导物还会产生爆炸，造成无可估量的损失。粉尘爆炸等级分为 St0、St1、St2、St3 四个等级，爆炸指数 Kst 值越高，粉尘爆炸等级就越高，当 Kst 值大于 300 时，粉尘爆炸等级达到最高的 St3 等级，代表具有极强爆炸性，而在锂电池生产线上产生的铝粉，其 Kst 值超过了 500，危险性极大，治理也极为困难。为此，纳路环保连同国家级环保专家共同研发课题进行攻克，最终确定了投粉的解决方案，即投入惰性粉末，通过惰性介质保护抑制工业粉尘爆炸，"投粉也不是常规的，要形成一个很合理、有效的比值，做出来的才安全。"陈东春解释说。从第一代喷吹式投粉机开始，纳路环保的投粉机已经更新了六代，如今的粉料螺旋输送设备，解决了现有的粉料输送设备只能定量出粉，设置了每小时投粉重量后，出粉量的调节需靠人工手动调节的问题，其设备可以实现出粉量实时闭环反馈，自动调节出粉量，自动匹配出粉量设定值，保证系统长时间的有效运行。而其研发的首台防爆除尘系统采用多重防爆和抑爆措施，将爆炸可能性降到最低，即使爆炸发生也能对人员和设备进行有效的防护，避免造成巨大的经济损失和重大安全事故。

当介绍到纳路环保拥有的技术优势时，陈东春如数家珍、滔滔不绝：纳路除尘系统的五项核心竞争力——拥有专利滤材的表面过滤技术、脉冲清灰技术、沉流式除尘器、成熟的风阻计算软件、合理的气步比设计；一种管道式火花捕捉器，火星通过捕捉器瞬间发出信号，实现报警；废料压缩箱技术，有效防止废料在出风口挂料、堆积，保证进出风口风量的稳定，避免堵塞……。陈东春说："我们针对市场的痛点问题，做了很多配置和努力，也就是因为有很多技术成分在里面，所以，我们一套系统在市场上才那么吃香。"据了解，纳路环保不仅是"宁德时代"在除尘系统的第一次序供应商，同时也是厦门中航锂电、比亚迪、亿纬锂能、蜂巢等著

公司除尘器产品

名锂电池厂的主要供应商,其除尘系统在新能源锂电行业中排行全国第一。陈东春说:"目前在锂电领域国内巨头我们基本上都参与进去,还有很多客户做还是不做的主动权在我们,我们也在选择客户。"除此之外,纳路环保还拥有汽车安全气囊切割的成熟应用技术,其客户涉及外资品牌三巨头奥托立夫、延锋百利得、张家港天合,以及国内龙头企业厦门华懋等企业;拥有汽车玻璃制造业除尘系统的先进应用技术,客户涵盖福耀玻璃集团、福莱特玻璃集团、中建材玻璃集团等知名品牌企业;此外,在金属切割和焊接除尘、制药及保健品行业、工业有机废气VOCs净化处理等领域,均有大中型企业保持着长期合作……

三大法宝，客户优先

"竞争战略之父"迈克尔·波特提出，企业战略的核心是获得竞争优势，对于纳路环保来说，技术领先是取得市场竞争优势的法宝之一，而在纳路环保的实际运营中还有两大法宝：效益最大化与服务大于一切。

由于使用场景的特殊性，不同的工况条件使用的除尘器在结构及配件的使用上有差别，只有根据实际工况配置最合适的型号，才能保证最高的效率及设备的寿命，从而为企业实现最优的效益，为此，纳路环保奉行"一案一例"的做法，专业的设计团队根据客户实际需求进行系统调整，为企业保证成本效益最大化。同时，纳路环保坚决不打价格战，无论是创业初期"以最高价竞标紫金矿业实验室项目"，还是后期发展过程中，纳路环保均不以低价策略来提升销售业绩，陈东春认为，纳路环保的产品以质量为后盾的，以最优的价格和最高的品质，为客户提供最高性价比的产品。

在纳路环保的经营宗旨里，"服务至上"占据着醒目的位置。除尘器是一个长周期产品，安装调试，后期维护保养等指标都事关设备是否能稳定、高效运行，直接影响客户的实际利益。为此，纳路环保设置专人负责制，急客户之所急，及时有效地为客户解决售后遇到的问题，并定期为客户检查系统性能，为客户提出有用建议，以期为客户节约成本、最大限度提升效率。事实上，在纳路环保创业之初，就已经奠定了企业"服务大于一切"的理念基调。

"厦门钨业的第一台设备，里面每一颗螺丝长在哪我都知道。"陈东春回忆起为厦门钨业第一个订单的服务场景，由于代理的设备出现堵料，陈东春二话没说就爬进设备进行细致检查，等他出来全身变黑，"只剩下牙齿是白的，整个脸是黑的，回家洗澡发现连耳朵挖出来的东西全部都是黑的。"后来，除尘器前后泵的风机卡死，现场无法解决，需要将机台拆卸送回原厂家维修。为了不耽误客户的生产，纳路环保晚上才进入工厂拆卸机台，通过省际长途车连夜发回厂家，维修好的设备寄回来之后又连夜为客户安装，陈东春说："整个过程真的像火箭速度，为客户解决了问题。"即便是一切运行正常，陈东春和李华斌也留在现场陪同生产，"我们留在现场，如果一有问题，就能立马就解决"。也正是因为这样真诚的服务态度，打动了厦门钨业，从2011年签订第一笔订单至今10年，每年厦门钨业都与纳路环保保持着良好合作。

扬帆出海，永葆初心

在美国密歇根州格林维尔市，有一座超过30000平方米的工厂，这是中信戴卡股份有限公司在海外建设的第一家铝车轮工厂——中信戴卡北美车轮工厂，其产能可达每年300万只铝车轮，被誉为中国制造海外腾飞的又一新"典型案例"。这个工厂的除尘系统就来自纳路环保，陈东春介绍说："所有东西都是在中国生产完以后去那边安装，然后做起来的。我们也学到了很多宝贵经验。"北美项目，实际上只是纳路环保扬帆出海、走向国际先列的一个缩影。

2020年8月，从纳路环保办公室里发出包括陈东春、李华斌在内的多个高管的阵阵"惊呼"，办公室外的人急匆匆跑向办公室，询问情况后方知：纳路环保拿下了"宁德时代"在德国埃尔福特基地的订单。该项目投资18亿欧元，产能规为100Gwh，目前一期14Gwh的全部除尘系统订单都将由纳路环保承接。这是纳路环保拿到的有史以来第一个超过1亿元的订单，同时，这也意味着纳路环保的除尘系统将成为中国第一套完整出口到德国的锂电除尘系统。

不过，所有投入欧盟市场用于潜在爆炸性环境使用的产品，必须获得欧盟ATEX防爆认证，这是一项含金量十足的认证，但标准也十分严苛，制造商不能自我证明设备的安全性，产品必须通过其官方机构指定的实验室进行测试，获得认可。纳路环保花了将近一年的时间，以优异的测试数据，获得ATEX防爆认证，这个时间比企业申请ATEX防爆认证的一般时间快了很多，至此，纳路环保成为在锂电除尘行业内中国唯一一家防爆除尘器获得欧盟ATEX防爆认证并出口到欧洲的企业。

"现在出口到欧洲的这套防爆除尘系统，是我们最大的优势之一。"李华斌介绍说，李华斌所说的优势是对标国际龙头企业。在全球的工业除尘领域，美国唐纳森和瑞典尼德曼为世界知名品牌，但李华斌认为，纳路环保在锂电除尘领域拥有绝对的优势，李华斌说："在锂电领域，欧美发展落后于中日韩，其除尘系统也相对薄弱，像我们的整套除尘系统，他们几乎没有做。"纳路环保相信，经过这次ATEX防爆认证和产品"走出去"的增多，将进一步提升纳路环保在全球市场上的影响力。

在全球市场上，新能源汽车"大战正酣"，老牌车企积极投身新能源技术和产品的研发，年轻的品牌突入市场意在重新制定规则……，与其同步发展的锂电池领域，经过十几年的市场争夺战，中日韩三分天下，而中国企业成长之势更是欣欣向荣。根据国际市场研究机构Adroit Market Research的预测，2025年，全球锂离子电池市场规模估计将超过 1000 亿美元。锂电池行业快速增长，工业安全生产国家标准不断提高，将为纳路环保的发展提供无限广阔的空间。纳路环保预计，到 2025 年，纳路环保的营业额将超过 8 亿元，并成为该行业的领头羊。不过，陈东春强调，无论纳路环保未来如何发展，纳路环保永远初心不改，"'让地球少一份污染，多一份关爱'，是我们创立纳路环保的初心，也会是我们现在和未来一直努力的方向。"

陈东春

纳路（厦门）环保科技有限公司董事长

观念决定思路，思路决定出路，
出路更需要持之以恒的行动实践。

——陈东春

第二部分

电子

- ◆ 第十篇　狄耐克：用颠覆自我的技术推动行业发展
- ◆ 第十一篇　坤锦电子：专业提供流体控制解决方案的泵阀专家
- ◆ 第十二篇　新声科技：以智慧聆听变革助听器产业
- ◆ 第十三篇　唯恩电气：工业连接解决方案的专业供应商

第十篇
狄耐克：用颠覆自我的技术推动行业发展

骆 丹

2017年10月18日，党的十九大报告指出："中国特色社会主义进入新时代，社会主要矛盾已经转化为人民日益增长的美好生活需要和不平衡不充分的发展之间的矛盾。"美好生活离不开企业的助力，在厦门就有一家企业——厦门狄耐克智能科技股份有限公司（以下简称"狄耐克"），将"以科技温度满足大众对美好生活的向往"作为企业发展的初衷。

在厦门海沧区的生产基地里，狄耐克的楼宇对讲、智能家居、智慧医疗、智能新风、智能交通等产品正在紧锣密鼓地进行生产，不日，这些产品将发往全国各地及全球多个国家。创立16年，狄耐克已成为国内地产500强供应商首选率排名第一，每新增10套住宅就有1套使用狄耐克产品，400多项荣誉，200多项知识产权，参与20多项国际、国内、行业标准制定……一个个数字正见证着这家企业引领着整个行业的变革与进步。

后起之秀
用技术变革行业

2005年，狄耐克在厦门成立，狄耐克来自"DNAKE"的英译，其中D为Detect首字母，代表洞察；N为New的首字母，代表创新；A为Absorbed的首字母，代表专注；K为Keep的首字母，代表坚持；E为Earn的首字母，代表双赢，"洞察、创新、专注、坚持、双赢"是这家企业的核心价值观。在创立之初，狄耐克专注耕耘楼宇对讲产业。不过，在2005年进入楼宇对讲市场并不算最佳时机：早在20世纪80年代末，中国市场就已经出现（4+n型）单户可视对讲和单元型对讲产品，随后在1993-1997年，楼宇对讲系统迎来第一个发展期，多家厂商规模化生产；2000年后该市场再次迎来高速发展期，楼宇对讲企业迅速发展壮大，在狄耐克进入市场时，市场上已经出现不少产值上亿元的企业。在创立前三年，狄耐克推出了模拟楼宇对讲产品，包括别墅型和公寓型联网对讲系统，推出了增加信息发布功能和安防报警功能的楼宇对讲系统，发布模数网络转换器，楼宇对讲系统实现了公共联网系统（包括围墙机、门口机和管理中心机）的网络化。尽管各项产品技术过硬，但由于其对标客户地产开发商倾向于选择品牌供应商，对狄耐克品牌认可度较低，狄耐克发展缓慢。

作为一家小企业，如何才能在激烈的竞争中突出重围，拔得头筹？此时，狄耐克创始人、董事长缪国栋发挥自己独到的战略眼光，缪国栋说："在这个行业里，目前发展较大的厂家，可能就只有我一个是技术出身，有一种对技术的特殊理解，虽然我们入行时间晚，但是我们可以跑得快。"缪国栋毕业于中国科学技术大学无

狄耐克产业园

线电电子学系无线电技术专业,之后进入制造业,负责过家用电器及通讯电子产品的研发生产,其后从事安防智能化项目、建筑智能化项目等工程实施,具有丰富的一线经验。从2008年开始,缪国栋将企业发展目标定位在"数字化",研发基于Linux操作系统的多系列数字楼宇对讲产品。缪国栋说:"当时市场上普遍使用模拟技术,如果我们继续做模拟产品,只能跟在别人后面,但把技术变更,大家就在同一起跑线了。"

只是,想要做"第一个吃螃蟹"的企业必然困难重重,狄耐克进行数字化升级遇到的第一个难题是芯片。在当时,狄耐克采用中国台湾、韩国、美国的芯片进行研发,花费巨额资金,但芯片的稳定性、可靠性、匹配度始终无法满足公司想要达到的效果,而且芯片成本昂贵、无法普及化。缪国栋开始构想,如果现有芯片无法满足,是不是可以自己定制芯片呢?2009年,缪国栋推动兴联科技有限公司自行设计委托流片封装，推出了专用于楼宇对讲行业的低成本芯片XT8130，该芯片不仅性能高，而且将数字楼宇对讲产品主控板成本降低了70%，直接推动了楼宇对讲产品数字化的变革，使得当今楼宇对讲数字化普及率高达80%。在进入数字化楼宇对讲领域的最初阶段，市场尚不明晰，但缪国栋从未想过放弃，"做企业要有一定的'赌性'，我们测算过市场，坚信我们的发展方向，未来一定会盈利"，正如缪国栋所料，从2012年开始，狄耐克业绩大幅提升，利润年年增长。

事实上，这并不是狄耐克第一次推动楼宇对讲行业变革。在最初，楼宇对讲模拟系统使用总线制技术，但容易出现"一家短路全楼停用"的窘境，而且在检修过程中，检修人员需要逐层断网查找损坏地点，检查工序极其繁琐。凭借着之前在工程通讯上的积累，缪国栋创新性地将电话通信领域最稳定的程控交换机技术引入，楼宇对讲联网系统将编解码控制和信号通信均设计在楼层交换机中，可视分机待机状态不通电，极大延长系统使用寿命的同时，系统所有分机线路的音频、视频、控制信号、电源等通通实现故障隔离，系统中任一支路的故障都能够被有效隔离而不影响其他用户的正常使用。

随着狄耐克各项技术不断推陈出新，狄耐克逐渐成为楼宇对讲市场的先驱者：2014年推出基于Android操作系统的数字对讲系统，功能上全面支持智能社区解决方案，成为最早掌握并将Android系统在楼宇对讲产品应用的企业，其衍生的系统稳定性、拓展性强，已经成为当前数字对讲系统的主流产品；2015~2016年，狄耐克推出高性能数字对讲方案，并提高产品的稳定性和开放性；2017年，结合互联网技术，狄耐克推出云对讲产品和基于微信运用的"微云门禁"平台，并进入 AI 应用领域，推出人脸识别、人证比对功能的数字楼宇对讲产品和智能视频网关……。2020 年，新冠疫情袭来，为了助力复工潮，狄耐克推出人脸识别和智能语音乘梯方案，乘梯者到达电梯外招或进入电梯轿厢后，智能终端将自动唤醒，乘梯者只需人脸识别或者语音说出楼层，电梯将自动停靠用户需达到的楼层，避免接触性交叉感染。

每一次的技术革新，都引发产业的蜕变。在目前，狄耐克在楼宇对讲上的技术已经行业领先，缪国栋说："通过技术革新，我们已经把这个市场的门槛拉得很低，国外企业再花更多钱去研发已经没有意义了，目前的情况是，我们用什么技术，他们就学习我们或者找我们贴牌生产。"缪国栋将技术上的引领和创新能力，称为狄耐克的"金刚钻"。公司已取得了包含发明专利、实用新型专利与软件著作权等 200 多项自有知识产权，并形成完善的技术成果产业化运行体系。按照计划，在 2021 到 2022 年，狄耐克拟扩大研发中心，比现有面积扩大 3-4 倍；扩建测试中心，拟配置研发设备、检测设备；每年增加新的知识产权；每年推出新款创新产品，持续不断地加深并扩大狄耐克在市场上的引领地位。于此同时，狄耐克保持着开放的心态，将自己的底层源代码封装打包后提供给客户，让客户在节约研发投入的同时，可以做一些定制化的应用，活跃整个楼宇对讲市场。

扩宽渠道
紧跟"同心圆"

2021 年 5 月 11 日，国家统计局公布了第七次人口普查数据，全国人口总量为 14.435 亿，巨大的人口数量意味着庞大的经济体量，这也成了中国在全球市场的独特竞争力。在缪国栋看来，巨大的"中国市场"，一方面，将带来众多的应用场景需求，造就众多产业"实验田"，让企业有契机不断进行技术创新和提升；而另一方面，这也将成为企业发展的"沃土"。缪国栋说："因为市场容量足够大，每个细分领域企业都可以大有所为。"而对于狄耐克来说，其要做的就是在这个庞大的市场中拓宽渠道。

首先，狄耐克扩展的是行业渠道，保持优势产业，带动新兴产业。2014 年，狄耐克开始布局智能家居领域，前后陆续推出了 ZigBee 无线智能家居系统、CAN 总线智能家居系统、KNX 有线智能家居系统和混合线型智能家居系统等解决方案。也就在这一年，狄耐克进入智慧通行产业，运用自主技术，推出出入口智能停车管理系统、数字视频车位引导和反向寻车系统、人脸识别无感通行系统等解决方案和相关设备。2016 年，狄耐克进入环境健康领域，推出了智能新风、除湿新风、五恒新风及公共新风等解决方案及相关产品，同时在"智慧医疗"上，推出了医护对讲、ICU 探视、智能床旁交互、分诊排队叫号、多媒体信息发布等系统，为医疗机构的数字化、智慧化建设助力。2020 年新冠疫情期间，狄耐克的智慧医疗设备支援黄冈"小汤山医院"、武汉"雷神山"医院等，在抗击疫情关键时期，提升了医护人员的救治效率、安全防治能力和患者就医体验，产品品质在一线医疗机构得到了验证。

截至目前，狄耐克的产品已经覆盖楼宇对讲、智能家居、智慧通行、新风系统、智能门锁等智慧社区和医护对讲、分诊叫号等智慧医院相关应用领域。尽管涉及产品和客户领域广泛，但缪国栋并不认为"跑得太远"，而是将其定位为"同心圆多元化战略"，其圆心仍是狄耐克的核心优势"技术、市场、品牌、客户",然后围绕智慧社区、智慧家庭、智慧医疗板块进行多元化市场拓展。缪国栋说:"蛋糕越大,发展空间也就越大,狄耐克形成了一套自己的客户生态链。"

其次,狄耐克致力拓宽的是销售渠道。在主抓碧桂园、龙湖、世茂等大客户之外,提升渠道的覆盖率。目前,狄耐克在国内拥有50多个服务网点,辐射全国大中城市及周边地区,在未来,狄耐克希望覆盖全国80%的地级市,实现"百城千店、千家万户"的营销战略,对客户就近、及时服务。同时,狄耐克海外营销网络已经覆盖全球80多个国家和地区,未来将进一步扩大海外市场销售团队,提升其在海外的市场占有率。

品牌塑造
从 B 端到 C 端

截止目前,狄耐克已成为国内地产500强供应商首选率全球市场及国内市场占有率排名第一,每新增10套家庭住宅就有1套使用狄耐克产品,客户涉及龙湖集团、世茂房地产、招商蛇口、绿地控股、中南地产、雅居乐集团、时代中国控股、富力地产、龙光地产、中梁地产等大中型房地产商。2020年3月18日,中国房地产业协会公布了《中国房地产开发企业500强首选供应商品牌》,这是中国最具权威性的房地产行业报告之一,在"楼宇对讲类榜单"中,狄耐克高居榜首,这代表着房地产企业对狄耐克的高度认可。缪国栋说:"在行业中,狄耐克这个品牌是一个品质的代表,是性价比良好的代表,是企业规模的代表。"

品质是品牌的根基,但并不是所有品质好的企业都能够将品牌广泛植入客户心中,狄耐克的制胜法宝到底是什么呢?缪国栋将狄耐克的品牌塑造之路分为上下半场。在上半场,狄耐克的主要客户是B端与房地产开发相关联企业,狄耐克制定了精准的客户营销策略,通过中国房地产业协会、全国工商联房地产商会、新浪乐居、中国建筑智能化协会、中国安全防范协会等,进行点对点宣贯品牌概念。另外,狄耐克参加众多相关行业的展会推介会,形成潜移默化的影响。缪国栋将这条路称为"细水长流式品牌塑造之路",通过一点一点的积累,狄耐克最终在市场形成了"有知名度—品质征服客户,获得认可—增强品牌知名度"的良性循环。

而如今,狄耐克的品牌塑造之路已经开启新征程:以客户需求为导向,实现狄耐克品牌由B端向C端领域的延伸,这与狄耐克

狄耐克全产业产品(部分)

产品路线从智慧社区向智慧家庭延伸一脉相承。对于 B 端客户来说，性价比是考虑的首要因素，而对于 C 端的消费者来说，产品个性化、功能多元化、品质高端化是更大的需求点，因此，狄耐克在不断进行产品的升级换代之外，在品牌营销上也进行了全面革新：进行品牌发布会，组织建立抖音、今日头条等新媒体矩阵，构建线上线下立体营销渠道，多点触达……狄耐克希望直面消费者群体，将品牌理念渗透进消费者心智，打造企业品牌美誉度和忠诚度，建立起属于狄耐克的"IP 王国"。缪国栋说："未来狄耐克的品牌将形成 B 端、C 端两条腿走路。"

事事俱到
精细化管理成就高效益

2020 年 11 月 12 日上午 9 时 25 分，缪国栋穿着西装，戴着红色围巾，手拿系着红线的木槌，敲响了深交所硕大的铜钟，伴随着浑厚的钟声，狄耐克迎来了发展史上一个新的里程碑——在深圳证券交易所创业板上市，这也成了狄耐克人献给自己 15 周年最美的礼物。

翻阅狄耐克的审计报告及财务报表，其优异的利润表现，成了同行厂家学习的榜样。佳绩背后的支持是狄耐克形成的一套完善的"精细化管理体系"。从研发方面，狄耐克通过技术创新，降低成本，提高产品毛利润；从采购方面，狄耐克自创了"九化一法"采购方式以实现增效降本：集中化、标准化、专业化、公开化、保密化、及时化、阶段化、高层化、联盟化、议价法。缪国栋解释说："比如集中化，我们的供应商采用一主一备，量大且集中，我们拥有议价权，供应商也有足够的利润空间，是'双赢'的局面；比如高层化，通过与供应商拥有足够议价权的高层谈判，获得最优价格……"

此外，缪国栋创新性提出从"工业类解决方案"到"消费类解决方案"的降本之路：尽管狄耐克生产的产品为工业化产品，但其尽量采用相同业态的消费类产品解决方案，缪国栋说："工业类解决方案因为针对客户群体小而稳定，技术解决方案比较陈旧，价格昂贵，而消费类产品是一个充分竞争市场，技术更新快，产品降本快。"缪国栋以智慧医疗板块举例，传统脑电仪售价几十万元，由于价格昂贵，在医院配置程度并不高，传统脑电仪采用的是工业专用电脑，成本高，而狄耐克希望利用消费类产品解决方案，从移动式 iPad 理念出发进行技术革新，缪国栋说："这样技术革新后可以实现产品的国产化、小型化、低成本化，在性能相同的情况下，成本可能只有原来的 1/5 乃至 1/10，革命性地降低成本。"缪国栋有个小小的心愿，他希望通过这个技术变革，让脑电仪能够在更多医院普及，让更多患者受益。

事实上，狄耐克的"成本内控"已经深入企业各个部门，即便是非经营部门也可以实现"创收"，如财务部门，通过优化理财结构，实现利息收益的最大化；如人力部门，通过控制人力成本，实现利润的最大化……缪国栋说："通过一项项精细化管理，这里节约 100 万元，那里创收 100 万元，一点一滴加在一起就能为企业创造较高的利润和效益，为公司在资本市场的市值添砖加瓦。"

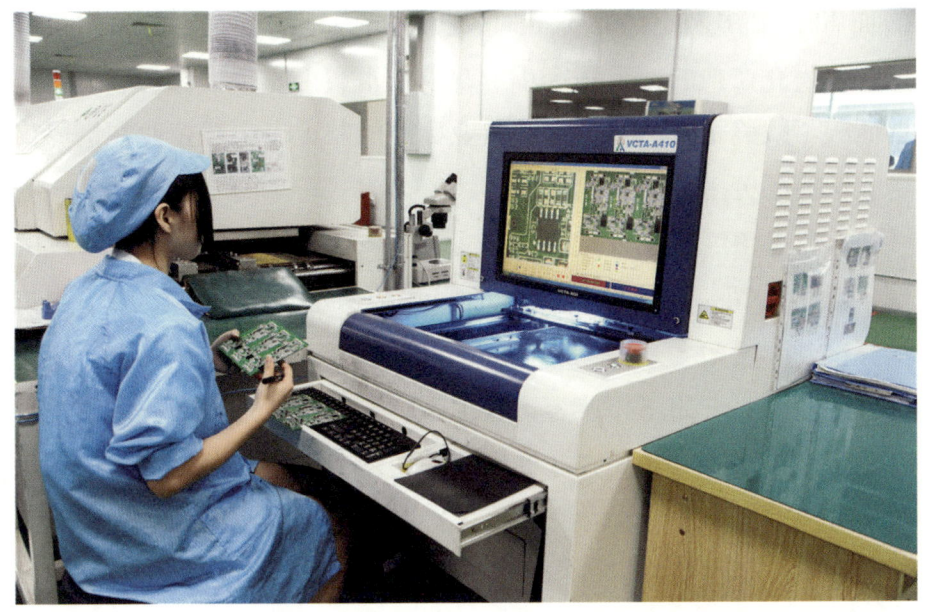

生产车间

主导话语权
满足人们对美好生活的向往

"拓宽渠道、技术领先、品牌塑造、卓越管理"十六个字，深深刻印在狄耐克的中长期发展战略里。遵循这条发展战略，狄耐克成立 16 年以来，后来居上，成为楼宇对讲行业的龙头企业。作为一个企业的担当，狄耐克一直致力于推动整个行业的标准化制定。在目前，公司主持（参与）起草标准多达 25 项，其中包含国际标准 5 项。缪国栋依然记得第一次参与制定国际标准时的情景：2015 年，狄耐克向公安部标委会提议争取国际标准的制定，然而由于楼宇对讲产业最早起源于国外，欧美众多老牌企业在中国向国际

IEEE机构提出制定国际标准时，提出了强烈的反对意见，但最终包括狄耐克在内的标准制定小组，以技术实力、市场现状、行业数据征服了欧美企业。通过主导行业标准的制定，中国企业在世界市场上掌控了更多的话语权。

从自身角度来说，狄耐克是行业首家采用SIP国际标准协议的楼宇对讲厂家，其产品提高了通用性和稳定性能力，实现产业技术标准化，互联互通。在过去，楼宇对讲行业长期采用非标准协议，各家厂商产品不相兼容，这也就意味着连续开发项目的后期也只能使用原厂商产品——非标协议的使用为生产企业构建起了"竞争壁垒"，但对市场及消费者而言，失去了充分竞争以及选择的公平性，不利于产业的良性可持续发展。狄耐克率先采用SIP国际标准协议，为市场树立了良好的应用示范，缪国栋也并不担心因此其市场份额会遭到其他对手的抢夺，缪国栋认为，产业不是"占地为王"，"而是应该让市场去选择"。

对于未来，缪国栋充满信心，一方面，狄耐克将继续聚焦于"楼宇对讲智能家居"为主的智慧社区优势板块，保持稳定增长。同时，通过人工智能、5G等技术的应用，建立智慧人居整体解决方案和智慧城市的基础支撑平台，涵盖人脸识别、车辆感知、嗅探感知、人像感知、语音识别、指纹识别、无线烟感、视频摄像、水电监测、智能停车、电梯运行监控以及其他监测等多项产业，为房地产、物业公司、医院、养老院、学校等提供智慧人居和智慧城市整体解决方案；另一方面，狄耐克将持续发力"智慧家庭"领域，据中国电子技术标准化研究院电子设备与系统研究中心公布的数据，中国智慧家庭市场规模正以每年20%~30%速度增长，这也意味着智慧家庭产业发展空间巨大，这将为狄耐克带来丰厚的成长空间。

民亦劳止，汔可小康。2021年7月1日，在天安门举行的庆祝中国共产党成立100周年大会上，习近平总书记庄严宣布"我们实现了第一个百年奋斗目标，在中华大地上全面建成了小康社会"，中国人民几千年的朴素追求变成了现实。继往开来，"十四五"规划吹响"民生福祉达到新水平"的号角，紧跟时代步伐，狄耐克希望从家庭、社区等社会组成基本单位出发，在智慧人居和智慧城市领域不断精耕细作，从"硬件"保障上切实地增强普通大众的幸福感、满足感和安全感。缪国栋说："我们所做的一切都紧紧围绕'满足人们对美好生活的向往'的时代命题，"脚踏实地，久久为功，为成为智慧城市物联网产品以及整体解决方案领军企业而不懈努力，为提升大众生活品质贡献自己的力量。"

缪国栋
狄耐克董事长兼总经理

伟大的时代孕育伟大的团结，
伟大的团结凝聚伟大的力量，
伟大的力量成就伟大的事业。

——缪国栋

第十一篇
坤锦电子：专业提供流体控制解决方案的泵阀专家

佟文立

微型泵属于绝对细分的专业领域，而要在这个领域上有所成就，竞争的舞台就必须是世界的，而不只是中国。

我们所要挑战的就将是德国人和日本人的严谨，美国人的创新。面对如此值得尊重的竞争对手，作为中国人，我们该怎么做？除了虚心学习、严谨做事、吃苦耐劳这些必备的职业素养外，中华民族五千年所积淀的智慧和创造力以及自强不息的精神，不仅是日渐强大的中国立足于世界的根本，也是 Conjoin 企业和个人在世界这个大舞台上展现中国人实力和价值的底气所在。

2016 年，在厦门坤锦电子科技有限公司（以下简称坤锦电子）成立 10 周年之际，创始人颜宏总经理明确了发自内心的坚定追求，致力于做全球最好的精密泵阀。

在随后的 3 年里，坤锦电子分别在 2016 年获得厦门市科技小巨人企业称号；2017 年被评为厦门市创新型企业；2018 年被评为厦门市高新技术企业并获得厦门优质品牌称号。

使命

自2006年公司建立以来,坤锦电子自身经历了多次的变革,但是自始至终,坤锦电子的公司灵魂从未改变过,企业的使命已经成为企业的一部分,即:为优秀的客户提供最优化的微型泵阀产品和服务。

自创立以来,坤锦电子先后取得了ISO9000、ISO14000、IATF16949等体系认证,质量管理体系被认可适用于各类微型泵及阀的设计和生产,同时安全生产标准化得到了厦门市安全生产管理协会的认证,并在多个国家取得技术专利超150件。

目前,坤锦电子依托先进的生产设备和创新理念,自主研发出压力泵、真空泵、液泵、电磁阀、隔膜阀五大系列行业领先科技产品,数十种规格的品类,泵阀生产量达每月700万台,全方位为客户提供解决各种流体控制及流体动力领域的方案。产品广泛应用于高端医疗器械、家用电器、个人医护产品、卫浴、实验设备、工业、新能源、汽车等各大行业领域,以优质创新的产品,为人们的生活发挥着重要作用。

坤锦电子的压力泵产品,流量范围在10ml - 10L/min,压力能力大于1Bar,通过对封闭空间泵送空气,依照应用环境不同,输出精密流量并在升压过程中实现使用需求,而同时可以实现最小厚度8mm,最大直径60mm。

坤锦电子的真空泵产品,流量范围在100ml - 3.5L,最大真空度小于-400mmHg,通过从一个封闭空间排除或抽取空气,取得相

公司厂房外景图

对标准大气压下的负压或抽取空气以实现对目标空气的分析等。

坤锦电子的（水、液态介质）泵，流量范围在 10ml‐4L，最大压力大于 15 Bar。

坤锦电子的电磁阀产品，在 DC 1.5v—24v 工作电压范围内，实现流路关断或方向切换。

基于"为优秀的客户提供最优化的微型泵阀产品和服务"使命的定位，坤锦电子将全球使用泵阀对应行业中的前五优秀客户作为孜孜以求服务的对象，服务行业涵盖汽车［德国大陆电子（马牌）、法国佛吉亚］、医疗医护（日本松下、日本欧姆龙、美国GE、美国伟伦、荷兰飞利浦、深圳迈瑞）、优质生活（美国KDP、德国凯驰、瑞士美德乐、厦门奥佳华、美国科勒）、工业等领域。

随着汽车成为普通消费者的代步首选，对于驾乘的舒适度需求日益增长，早期机械腰托重量重、舒适度差逐渐被气囊腰托替代，并逐步向中低端车型普及，且已取得临床证明，车载气压按摩方式，无不适感，优于机械与震动按摩，可舒解压力，降低疲劳驾驶所可能导致的事故发生率。坤锦电子推出的汽车腰托气泵产品，领先于行业，在产品研发阶段就将环保、高寿命融入产品设计，与德国马牌（大陆电子）进行了战略配合，设计出噪声低、流量高、寿命长（市贩品 500 小时寿命，坤锦品 2000 小时）的拳头产品。

在医疗医护产品领域，坤锦电子通过努力耕耘，为使用者的健康贡献自己的技术与服务，产品应用覆盖监护仪器血压检测模块、电子血压计充气泄压测量模块、负压治疗仪真空抽取模块、家用雾化器药液雾化模块等。

在家用电器领域，坤锦电子通过创新、创造为受众提供更优质的生活服务，以气泵、水泵产品致力于提升全球用户的生活体验：从起床后的高压洗牙器、提供美味食物的智能电饭煲、咖啡机、啤酒机、冰箱食物保鲜存储、红酒器、智能马桶、吸奶器、吸鼻器，到睡眠前房间加湿等。此外，在按摩休闲、精致生活的瘦腿健美等家用电器领域，均有坤锦产品的贡献。

在工业领域，坤锦电子的产品用于抽取空间的气体，实时监控空气的 PM2.5 含量，为蓝天保卫战尽应有的社会责任。

当今人们对于物质生活的需求不断升级且日益多样化，坤锦电子服务于全球优秀的客户，力求"客户满意，员工满意"。

坚持"客户满意，员工满意"的承诺，坤锦电子使客户及员工在创新中受益，这也是坤锦电子的公司愿景——成为世界上值得尊重的微型泵阀和服务提供专家；成为员工展现个人价值的优良平台。

核心价值

作为微型泵（0.1ml–15L/min 流量）的优化专家，坤锦电子通过对客户需求的精确掌握，将产品技术平台与客户需求精确连接，进行相关系列产品的技术纵深研发，建立专业技术和制造平台。通过优化将泵阀产品的价值最大化，这就是坤锦电子的核心价值。

在坤锦电子的研发区，最能够引起来访人士兴趣的并非是坤锦电子自身使用的仪器设备，而是客户产品和相关同行产品的系列化展示。

"别的企业做泵阀产品，都是由客户提要求并按照客户的要求去实现就可以了。但我们从来不是这样，而是客户一旦提出需求，先把客户的产品拿来进行研究。"在坤锦电子总经理颜宏看来，这是坤锦电子企业核心价值的逻辑起点，在客户的概念基础上还延伸出用户的概念，也就是模拟用户来使用客户的产品来获得体验感。

在坤锦电子看来，客户通常都不是泵阀产品的专家，提出的需求只是显性需求，而背后一定会有更加体现专业的隐性需求。对于客户的某款产品需要使用的泵阀，坤锦电子通常会把客户所在行业的前三、前五品牌的整机产品都买回来进行机理和功能以及空间环境方面的研究。

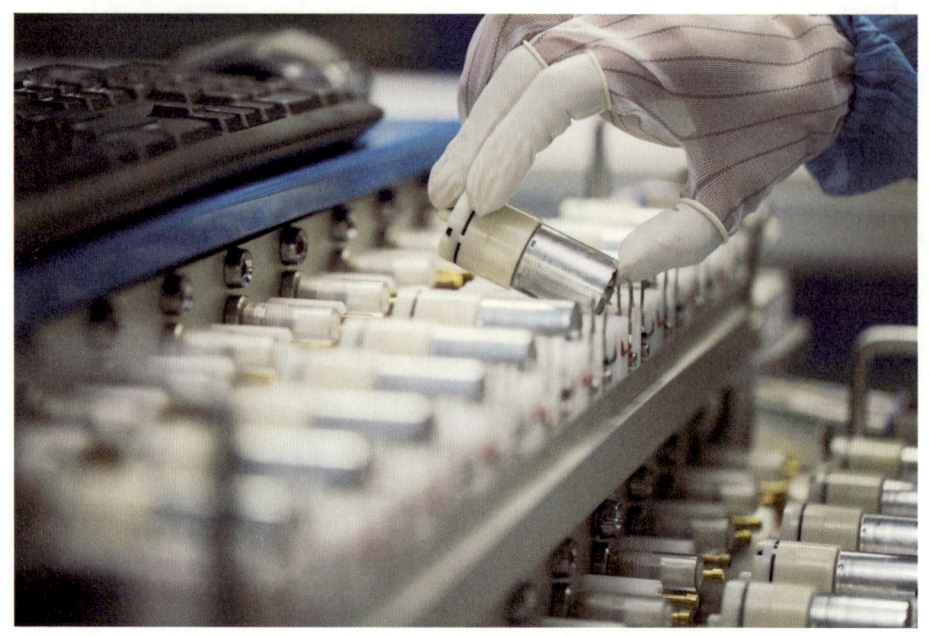

公司产品

站在客户的角度去解决客户最需要解决的问题，在坤锦电子的研发理念中就是要体现专业和优化。在很多情况下，客户单方面提出的需求都是存在功能浪费并造成成本过高，而坤锦电子就是基于更加专业的知识提出最优化的解决方案。

对于和客户的合作，目前的坤锦电子还是从研发阶段才介入，而未来更可能的是从产品概念阶段就开始，并严格依照APQP流程进行高效高质的产品研发。

以与北美美式胶囊咖啡机市场销量第一的KDP品牌合作为例，坤锦电子并不是该客户产品前期开发时配合的供应商。通过研究KDP品牌的咖啡机应用发现，对于美式胶囊咖啡机，能否提供一杯好的咖啡有两个关键指标：第一是温度，冲泡咖啡只要92度，超过95度的咖啡就太熟不好喝了，低于90度的咖啡香味则没有完全萃取出来。温度是靠咖啡机整机里的核心控制算法和加热杯来控制的。第二是冲泡时间，冲泡时间直接影响水和咖啡接触萃取，咖啡机出 8 盎司咖啡从出水到完成冲泡约 25 秒，太快或太慢都影响咖啡的口味。KDP 原先使用的泵由于精度较低、一致性不好，冲泡时间控制范围只能做到 19~30 秒，使得不同咖啡机冲泡同种咖啡口感差异大。

正是通过专业的技术团队不断的研究客户使用深层需求、不断的突破技术难点、大量的样品设计数据方案积累、大量的实验验证支撑，坤锦电子极大提高咖啡机泵流量精度，将咖啡机出水冲泡时间稳定的控制在 23~26 秒，且以原有泵三分之一的体积实现了：噪声降低 15dB、功耗降低到原有泵的 30%、输出水量的精度和稳定性提高了 1 倍。由于泵性能的极大提升，使得咖啡机的咖啡冲泡品质更加稳定，提升了用户的使用体验；同时由于泵流量精度的提升，大大简化了整机的结构及生产工艺，为客户每年节省泵采购成本数亿美元，让客户成功推出多个体积小、成本低、性能卓越的系列咖啡机，深受消费者的喜爱和追捧，顺利进入多个细分市场和渠道，进一步了扩大市场份额。为此，坤锦电子于 2018 年在美国获得客户 KDP 颁发的"最佳表现奖"殊荣，也是唯一获得此荣誉的亚洲供应商。

此款水泵系列，是坤锦电子从片段式的需求，结合对咖啡机使用的纵深认识，提炼出设计目标；在整个研发过程中，始终以客户为中心，贴近客户使用的需求，使泵的核心技术理念贯穿在产品的过程中。坤锦电子在不断的数据分析及实验模拟中总结提升，克服一个又一个的技术难题，在此过程中投入大量的人力、财力、物力，最终将产品在本领域达到近乎完美的技术级别，并积累和提升了全面的技术能力；除研发过程、技术验证过程得以将产品展现，产品的质量保证过程、生产过程更是通过科学的管理手段（PFMEA、Control Plan、SOP、SNP、SIP、SPC、MSA 等）将产品置于严密、标准化的流程中生产制造，并支持持续改善。

此款水泵系列的推出，也让 KDP 决定将旗下所有产品流体控制的平台更换为坤锦电子的产品。

而在另一个冷饮机客户那里，客户起先使用的是一家意大利公司的产品，将坤锦电子作为第二物料来源方。但坤锦电子发现，客户原先使用的阀产品的结构设计存在问题，遇水生锈会影响冷饮机的使用寿命，于是拒绝了客户的产品导入要求，用了 8 个月的时间重新开发设计一款阀产品。最终，该冷饮机客户完全切换到坤锦电子的产品平台。

目前，坤锦电子每年以销售额的 6% 投入产品研发及技术研发中，平均每年获得至少 10 件以上的专利授权，并与北京柳沈等专业知识产权事务所紧密配合，将产品研发成果转变为专利财富，布局专利围栏及商业机密，以确保在技术上、生产制造上、服务上、知识产权法律等层面对系列产品拥有绝对的权利。

体系

作为一家提供高端产品而获利丰厚的企业，坤锦电子多年来不为资本涌动而分心，坚持"把中国的精密泵阀做成世界级的产品"的行为准则。与坤锦电子的企业核心价值和行为准则相对应的就是企业内部各种体系的匹配。

时至今日，坤锦电子的研发体系依然在总经理颜宏的带领下，在与企业使命和追求契合的方向上进行系统化的演进。在坤锦电子的研发体系中，技术分为两部分：产品技术和专业技术。产品技术就是涉及泵阀本身的专业性知识和技术，而专业技术则是面向服务各个类型的客户产品。坤锦电子通过将这两类技术和相应类型的研发人员与客户端结合，并通过自身文化的结合才完整塑造成了自身的研发体系。坤锦电子自身文化的逻辑就是做出创新的产品实现与高端客户的匹配，而创新要么改变或带来更优化的功能，要么带来更低的成本而不是更低的价格。

坤锦电子所从事的精密泵阀，属于相对成熟的产品领域，任何技术突破都需付出大量的研发活动，找到客户和用户的兴奋点，需要从产品的专利库、行业走向、应用场景等纵深分析，形成产品包，经历重重的验证，对每个结构公差进行细致分析设计，并确保成形后的第一台产品与第 100 万台性能符合设计目标，满足客户使用。

在现今相对浮躁的社会环境下，以研发技术为导向的坤锦电子却有着十分低的研发人员流失率，这也是坤锦电子坚持人才是企业立于不败的关键理念，把人才梯队的培养，建立人才发挥的优良平台作为公司重点战略之一。

坤锦电子沉淀下的企业文化，就是让每一位进入公司的员工，在公司的平台上，发挥自己的最大潜能，得到客户的认可，以实现自己的理想。找人、用人、激励留人，处处都让每一位坤锦研发人员为实现世界的坤锦而成为奋斗者，这也是坤锦电子能够不断推出极致的世界级产品的研发土壤。

从根本上说，坤锦电子的文化就是成员共享价值观念，信念和行为规范的综合——开放、参与、实在、实用和执行。坤锦电子的管理，不是控制，而是高效、释放。

如果说坤锦电子的产品研发以高质高效为目标，那么坤锦电子的工艺研发则以多快好省为最终要求。

在研发目标的设定上，坤锦电子为每一个坤锦员工树立了座右铭——"让客户拿到坤锦产品时的喜悦，作为我们的研发及服务高挂在心头的一把利剑，不回避任何苦难""没有把产品隐患彻底解决，绝不允许交货给客人"。

坤锦电子在研发方面的追求目标，就是要为使用者带来最大的价值体验，在设计上，让供方更稳定，更易于实现产品，让结构和生产容差更易于制造，最终为客户带来产品性能上的优质体验，并使得上下游共赢。

在制造工艺方面，坤锦电子建立了细致精益的工艺过程、高效的管理过程，得益于台湾生产力中心的辅导，由多个 QCC 小组在持续改进，不断靠近"多快好省"的最终目标。而在即将到来的工业 4.0 时代，坤锦电子也将跻身行业制造的领先位置作为目标，把制造设备自动化和设计制造过程数据化等上升至公司重点战略。

可持续发展也是坤锦电子长期坚持的文化理念，并已深深嵌入公司的发展策略、业务模式、经营管理和产品开发等方面。可持续性发展是坤锦电子对于社会的承诺，即：质量；环境、社会责任、商业道德、健康与安全；限用物质。坤锦电子的可持续发展观包括"经济责任""环境责任"和"社会责任"三个方面。

在质量体系建设方面，坤锦电子以"产品领先战略"为公司可持续发展的长远战略，通过持续改善达到精确解决客户需求、优越的应对速度以及"0"缺陷产品满足客户最高需求。

公司生产车间

在经济责任方面,坤锦电子通过可持续的运营创造价值,为社会整体可持续发展作贡献,这是实现其他责任的基础。

环境责任,就是将对环境保护的考虑贯彻到开发、生产和使用产品的每一个环节中,从而将运营中对环境造成的影响降到最低。坤锦电子认识到维护地球环境的重要性,把"以自然为本"的绿色文化定为公司永续的发展战略。在所有的企业活动中,充分体现环境保护理念,预防污染,节约能源,并不断持续改进。

社会责任指的是企业积极开展各种社会公益活动,以"双赢"为宗旨,谋求与所处社区之间的良性互动和共同持久的发展,坤锦电子的重心放在教育和环境方面。

除建立了完整的质量体系及环境责任制度外，坤锦电子也取得众多的第三方外部认证认可，包括：电子行业的全球供应链协会会员单位并获得 RBA 证书；德国汽车行业协会会员单位和 VDA6.3 审核通过企业；取得汽车行业 IATF16949 管理体系和知识产权管理体系认证；产品符合欧盟 RoHS、REACH 和美国 FDA 等国际食品、药品和化学品法规；厦门市安全标准化三级达标企业；2019 年福建省绿色工厂达标企业。

最终想法

"我们最终的想法就是让全世界使用流体控制的客户，第一时间想到中国的坤锦。"坤锦电子总经理颜宏如此展望未来。

2006 年成立以来，坤锦电子致力于为世界优秀的客户提供最优化的微型泵阀产品与服务。坤锦电子的这一定位的战略是世界级的，通过多年的技术与经验沉淀，也初步呈现出在坤锦文化下诞生的世界级的产品，未来，会有更多的领先产品面世，而这些产品服务依然是世界级的。

为了实现这一最终想法，坤锦电子的未来发展规划是分"三步走"。

第一步——"夯实基础阶段"。坤锦电子沉淀了 15 年的管理及研发经验，已经化为固有的坤锦文化。预定在此基础上，坤锦电子将通过第三方力量，梳理并夯实优秀文化，让基础更为结实。

第二步——"发展做实阶段"。坤锦电子依照全面的产品生命周期 PLM 管理，复制优秀，并通过精益生产的提升及自动化设备的导入，将领先的技术及高质产品源源不断交到使用者手上。

第三步——"成熟腾跃阶段"。通过基础积淀，技术升级，坤锦电子完全站在行业的最前线，真正实现全球只要有使用流体控制的客户都会想到"中国的坤锦"！

颜宏
厦门坤锦电子科技有限公司总经理

任何新的商业模式，技术与产品，
若不能随时间及外在环境做创新与变革，
终将逐渐失去原有的各项优势。

——颜宏

第十二篇
新声科技：以智慧聆听变革助听器产业

佟文立

走进位于厦门火炬高新区（翔安）产业区的厦门新声科技有限公司（以下简称"新声科技"）的一层大厅，各个时代的助听器产品摆放于展台中，通向二楼楼梯的墙面上挂着助听器产品各个发展时代的照片资料、新声技术发展路线图。

在相当长的一段时间里，助听器都是远离中国普通老百姓的用品。20世纪80年代，大多数人中国人只在新闻联播中看到国家领导人佩戴着助听器。

据世界卫生组织等权威机构数据显示：在美国，听力损失人群占人口比例约为15%，其中64岁以上人群中约46%的美国人拥有不同程度的听力损失。2019年，美国市场上专业助听器的销售量估计超过400万台。同期，中国市场上专业助听器的销售量和美国差距很大，估计不超过100万台。

助听器技术发展的不同时代

助听器（Hearing Aid）是一种供有听力障碍人士使用的，用于补偿听力损失的小型扩音设备。其发展历史可以分为 7 个时代：手掌集音时代、简单物体的集音和扩音时代、碳精时代、电子管和真空管时代、晶体管时代、集成电路时代、数字助听器时代。

大概 1800 年，在英国伦敦，F.C.Rein 创立第一个贸易化生产无源扩声器的公司，该公司生产上百种不同木质的助听器具，如"听板""听管"等，相当于是扩声管和喇叭筒。

1878 年，美国科学家 BELL 发明了第一台碳精式助听器，这台助听器是有碳精式喇叭、电池和电线组成。

1890 年奥地利科学家 Ferdinent Alt 制造了第一代可以商用的碳精技术型助听器，1904 年丹麦人 Hans Demant 和美国人 Resse Hutchison 投资企业批量生产改进型助听器，这个时候已经有气导和骨导两种类型的助听器，满足一些人在特殊场所的需要，但是鉴于体积较大，不能携带，无法惠及普通老百姓。

1907 年，真空管或电子管由 Lee DeForest 发明，并被迅速用于广播设备。1921 年，Earl C.Hanson 发明第一个真空管助听器原型，此助听器在获得专利并由一家名为环球的公司生产。1933 年，第一台真空管助听器是由位于英格兰的两家公司设计——Amplivox 和 Maltitone 公司。这种装置需用两节电池来供电，并被电池寿命所限制，通常只能使用一天。这种助听器由四个部件组成：麦克风、耳机（接收器）、放大器和两节电池。

20 世纪 50 年代，助听器进入晶体管和整合电路器时代。

1947 年，随着在美国贝尔实验室发明了晶体管，1952 年

Raytheon 制造公司引入"结联晶体管"技术。1953 年，Microtone 公司，MAICO 公司（奥迪康 Oticon 集团公司成员）Unex 公司和 Radioear 公司推出了他们的第一台晶体管助听器。1955 年，美国 Dahlberg 公司推出 Miracle Ear，这可能是世界上第一台耳内式助听器。1957 年，一个来自美国加利福尼亚的助听器经销商为他的客户制作了第一台定制助听器。

在 20 世纪 80 年代，集成电路技术突飞猛进。许多利用"模拟声音处理"技术的新的集成电路出现在市场上。助听器形状越来越小，部分性能可以按照个性需求进行调节，满足了大多数听力损失人群的需要。

1983 年，由 Nanley，Steadman，Wcchsler 和 Spencer 报告在 Audiotone 开发的数字助听器。数字助听器具有类似计算机使用的数字电路，用于声音处理。1984 年，威斯康星大学和 Nicolet 仪器公司研发出第一台真正意义上的可戴数字助听器的诞生：Phoenix（凤凰）。1990 年以后，很多可编程助听器被发明出来，追着全数字技术的发展和普及，数字技术被广泛运用到助听器上，2000 年以后助听器进入真正的全数字技术时代。

助听器经历 100 多年的发展，形成了耳内式、耳道式、耳背式、盒式、体佩式、眼镜式等多种结构形态，以及模拟、数字两种信号处理方式，声音处理技术和助听效果不断在提高。

缘起丹麦

新声助听器技术起源于丹麦。1986 年，国际上最大的助听器生产制造商丹麦达那福（DANAVOX）品牌助听器，率先到中国厦门设厂，取名厦门鹭丹助听器有限公司，即瑞声达听力技术（中国）有限公司的前身，开启中国专业助听器生产和销售的新时代。

余仕湖，1989年毕业于中南大学，获得硕士研究生学位，师承黄培云教授、金展鹏教授。1991年一个偶然的机会加入厦门鹭丹助听器有限公司，因为有一口流利的英语沟通能力，工科硕士毕业的专业知识，被公司指定未来中国工厂扩张的负责人。1994年到1995年，余仕湖在厦门鹭丹助听器有限公司总部丹麦哥本哈根的公司培训学习10个月，顺利完成了专业助听器的开发，组装，测试等完整的专业知识，回国后在厦门招兵买马，1995年帮助总公司把丹麦工厂高效率搬迁到厦门分厂来，为总公司每年节省千万元员工工资费用。后来10多年的时间，丹麦大北集团公司逐年收购Vienatone，Philip，Beltone，Resound，Interton5家助听器企业，都由余仕湖带队成功搬迁到厦门分厂。10多年的努力，厦门瑞声达听力集团在中国发展壮大，成为世界上第一大助听器生产基地，本地人才团队和供应链体系逐步完善，余仕湖和他带领的团队为助听器行业在中国的发展做出了重要贡献。

创立企业

在瑞声达工作期间，余仕湖除了牢牢掌握助听器核心技术以及丹麦优秀企业文化以外；同时关注到，由于助听器高昂的价格把很多买不起助听器的老百姓挡在聆听美好声音的大门之外。他暗暗下定决心，作为中国人且作为第一个全面掌握助听器制造技术的人，背靠中国老百姓的大需求，理当承担起这个责任，做中国人买得起用的好的助听器！因此，2004年，余仕湖毅然辞去瑞声达优厚待遇,创立属于中国人自己的民族助听器品牌,厦门新声科技有限公司由此诞生。

厦门新声科技有限公司,位于厦门火炬高技术开发(翔安)产业区翔岳路13号,是一家集技术研发、产品设计、制造和销售为一体的国家高新技术企业、国家专精特新小巨人企业,注册资金1200万元,年产值达1亿元。公司愿景是:"让人们听的更好";即:愿更多的听力损失患者买的起助听器,用得好助听器,享受生活中每个美好的时光。

公司外景图

余仕湖说:"我们要做世界优秀的听力保护、听力改善的制造商和品牌商,我们不仅要开发生产改善聆听的助听器产品,也要帮助人们了解更多听力保护知识,平时做好听力保护,减少老年听力损失的困扰。我们要打造中国民族助听器最受欢迎的品牌;也要成为国际听力改善产品的最优质供应商。"

17年过去了,新声科技深耕生物医药及高性能医疗器械领域,坚持独立自主创新发展,致力于打造助听器第一民族品牌,成为国内领先、国际一流的助听器研发生产企业。围绕助听器智能远程验配、语音增强算法、低功耗无线传输技术、高效自充电技术等关键点开展技术攻关,其中助听器充电技术,智能远程验配技术都属行业首创,填补国内空白,先后获得56多项有效国家专利(其中发明专利3项、实用新型33项、外观专利20项)、6项软件著作权;并且承担厦门市重大科技计划项目。同时,新声科技作为国产助听器技术领航者之一,以高性能助听器产品为核心载体,集聚助听器关键芯片、人工耳蜗关键材料、核心算法开发、下游分销商等行业上下游企业10余家,属于产业链的产品核心环节,起到连接上下游企业的关键作用。除发展自有品牌外,也积极为产业链的其他环节提供专业化的技术创新服务,多年来先后帮助国内外10余家助听器企业进行新产品开发和设计并提供相关技术服务及技术攻关难题。对推动整个助听器行业向前发展起到一定的示范作用。

新声科技不仅成为中国第一家国产助听器品牌企业,更是成为中国助听器产业的"黄埔军校",由余仕湖在新声科技亲手教出来的弟子们先后创办五六家助听器企业,带动国内助听器产业的发展。让厦门成为世界助听器产业链城市。

同时,新声科技是厦门医疗器械协会副会长单位、中国助听器人工耳蜗专业委员会会员单位、中国医疗器械行业协会会员单位、中国听力医学发展基金会助听器专家委员会委员、中国医药物资协会医疗器械分会理事单位、福建省工业文化协会会员单位等，正在为行业可持续发展贡献力量。

新声科技发展历程

2004 到 2006 年的两年时间里，余仕湖带领新人，手把手地教育员工成长，2007 年建立完整的 ISO13485 质量管理体系，产品通过欧洲 CE 认证，开始在欧洲和中东的助听器营销之旅。2010 年，新声科技（Newsound）品牌助听器在中东和非洲受到广大消费者喜爱，以 OEM 和 ODM 业务在欧洲站住脚根。同年，新声科技获得欧美市场准入资质，开始踏上国际化征程，为全球听障者提供听力解决方案。

截至 2020 年，用户遍布美国、法国、土耳其、迪拜、印度尼西亚等全球 110 多个国家和地区。2011 年，新声科技在美国创造在线销售助听器的先河，开辟了美国网络销售助听器巨大的市场，后来有很多竞争对手参与竞争，但新声科技依然是美国网络助听器市场最大供应商，大部分在线下零售 1000 美金以上的助听器，在网络上只要半价就可以买到新声科技制造的性价比最好的专业助听器，初步实现"让更多的人买得起、用得起助听器"的美好愿望。

新声科技在寻求自身发展的同时，不忘初心、牢记使命。2009 年新声科技公司就开启在中国市场的分销渠道和零售渠道的建设，到 2014 年新声科技在国内拥有 300 多家分销商、40 多家新声科技的专卖店及创造店中店低成本销售模式，力求将最好的技术和产品，通过低成本低价格方式服务帮助于中国听损大众。2019年，新声科技开启"互联网+"新零售业务，涉及O2O、跨境电商、国内电商、电销等等，陆续入驻天猫、京东、拼多多、亚马逊等各大平台，厂家通过互联网直接与终端消费者建立密切的联系、将厂家服务直达消费者手中，快捷且保证服务质量。

功夫不负有心人，截至2020年，新声科技年销售额超过亿元，也成功让新声科技成为最大的内资助听器生产企业之一。

新声科技的技术创新

随着中国人口老龄化的加剧，听力损失的老年人数还在急剧增长。然而，现阶段助听器的使用率依然非常低。根据官方数据显示：60%~80%自述有听力问题的人并没有寻求助听帮助。一般认为听障人士助力器佩戴率低于10%，甚至有观点认为只有2%左右。其主要原因在于助听器验配测试主要依赖于听力学家或验配师进行验配调试，而据相关统计国内听力验配师不足1万人，严重稀缺，造成助听器验配不便且使用成本高昂。如何解决助听器这一技术痛点是新声科技的终级目标。

在公司成立之初即设立专门从事技术创新活动的研发部门，由余仕湖总经理亲自挂帅统筹管理，致力于对助听器新产品、新技术、新工艺进行研发，增强市场竞争的硬实力和软实力，所有研发人员均具有丰富的助听器行业实践经验，具备较强的独立研发能力，人才团队涉及结构、材料、声学、算法、软件、应用电子、测量工程等相关学科。同时，聘请厦门理工学院陈铖颖博士为本公司的技术顾问，为公司技术团队提供核心技术攻关指导。公司每年以不低于主营业务收入的 7% 投入科研经费，用于全方位推动技术创新活动、高端科研人才引进、技术升级改造等。同时，建立专门针对于助听器研发的研发与工程实验室、助听器检验实验室、声学实验室等。主要是在研发阶段的绝对测试，保证助听器产品质量。让新声科技助听器真正实现让人们买得起、用得起的宗旨。

除此以外，新声科技秉承开放式"产学研"协同创新攻关的创新理念，在核心领域坚持自主研发的同时，兼顾产学研合作，达到提升技术产出效率和技术产业化能力，目前已和厦门理工学院等高校建立长期合作，以语音芯片研发为重心，通过建立联合实验室、硕士生联合培养机制以及项目研发等方式，2019 年开始通过芯片开发商、高校、研究所等合作联合开发助听器芯片，目前已经在助听器产品上试应用且性能相对稳定，后期会加大投入研究，期望构建核心芯片 – 助听器整机 – 验配软件等实现产业链整合，形成公司核心竞争力。

助听器产品

2007 年，新声科技成功研发出世界上第一款通用型的耳道式助听器 MCIC 并获得国家专利。13 年过去了，这款助听器受到同行纷纷效仿，成为当前网络上销量最大的单品专业助听器。

2011 年，开启可充电技术的助听器研究，目的是可以降低用户频繁更换电池的困扰，既环保也节省使用费用，是全世界早期开始研究充电助听器的开拓者之一。2014 年，正式在美国市场推出的锂电池充电耳背式助听器，通过 MDhearing 和 HearingAssist 两个品牌产品，在美国谷歌进行宣并一炮走红；从此，助听器开创了锂电池充电助听器的新时代，目前可充电技术助听器已经成为市场上的主流产品。

2019 年，新声科技在美国推出带 App（App 的名称是 Sound Wear）自我测听和自我调节的助听器。低功耗无线技术，为基于手机 App 实现用户自主验配和远程验配技术，可以省去用户和专家面对面的高成本服务模式，让用户用更少的钱买到一样的个性化满意的产品。语音增强算法，在实现低功耗和优异性能的情况下，实现自适应环境降噪和方向性聚焦，在不同场景下为用户提供个性化聆听体验，这个技术为智能验配技术，以 App 的方式实现一站式远程验配预约、服务与管理，提供技术保障。2020 年由于疫情影响，该产品获得广大消费者的喜爱，并让新声科技销售业绩创造历史新高。

2020 年以来，新声科技开始无线音频传输助听产品的创新阶段，并陆续推出智能验配型助听器、蓝牙助听器、可远程验配的助听器、RF 无线充助听器等新技术和新产品。并且先后获得美国 CES 设计与工程创新大奖、德国红点当代好设计奖、中国科技创新贡献奖等多项科技奖项。

新声科技坚信只有产品技术端的变革，辅之以销售模式的改变，才能实现"让人们听得更好"的美好愿景。

砥砺前行，初心不改

新声科技在核心技术与新型产品研发的过程中，始终贯彻着余仕湖的创业初心——让更多的人买得起、用得起更好的助听器。在2010到2020年这段时间里，新声科技通过技术和产品的创新实现销售模式的创新，使得助听器销售不必依赖传统的医生销售渠道，用户通过"互联网+"新零售购买助听器，也可以获得专业高效的验配服务。

在新声科技的充电技术创新之前，专用电池曾是助听器行业的壁垒之一。国际大品牌不用充电电池的重要原因是把电池复购视为维持客户黏度的一个最重要途径。买助听器，就需要用专用的电池，用户就无法离开该品牌厂商，甚至于购买专用电池的唯一渠道就是专业销售助听器的医生。也正因为这些，当新声科技在美国率先推出的充电助听器产品时，引来了大量专业渠道同行对电量不足和充电安全性方面的质疑。为此，新声科技的充电技术是发明新的充电管理器，甚至为了18毫安的充电电流能够实现，公司自行设计开发管理器的芯片。

在很长一段时间内，在很多国家，助听器作为医疗器械的销售都需要专业资质的医生。新声科技也是迄今为止唯一一家公开销售带有App自主验配功能的智能助听器企业。用户可以自行调配助听器的功能，无需专业医生的指导。这项新技术也使得新声科技的该款新产品在美国累计销售超过3万套。

为了更精准地实现验配，新声科技最新的解决方案是远程验配技术，通过远程的云数据中心由有资质的专业人员，来为用户提供更为专业的指导和在线调试服务。

"从今年开始，我们一直在好好地反思助听器行业的中国品牌为什么没有崛起。虽然新声科技已经被认为是目前最好的中国品牌，但中国的市场份额依然在外国品牌手上。"中国民族品牌的缺位依然是余仕湖心中的痛。

不过在余仕湖看来，随着多项信息技术的进步，行业变革的风口即将到来。

从2021年起，新声科技将打造"智慧聆听"生态正式列为企业愿景和目标。

"助听器产品的终极目标就是智能，也就是助听器能够自我调整，自我学习，像耳机一样带上去使用者就能够听懂各种各样的声音。因为每个人的耳朵不一样、听力损失不一样、周边环境等也都不一样。如果要推出一个同样的产品，不在医生的指导下，任何人都会用，而且要用好，这个特别难，这也是新声科技一直奋斗的目标。"余仕湖对助听器产业的演进有着自己独特的见解，基于对人类听觉的认知和理解，新声科技一直在长期研发和储备着相关的各种技术。

人的听觉，也就是人听到声音可以分成两个部分：第一是听得见；第二个才是听得清楚。听得见是比较容易的，而听得懂，听得清楚就是相对有难度的了。而听清楚和两个因素有关：第一个是声学的元器件；第二是听觉，也就是人类大脑对听力信号的理解。随着人类年龄的增大或者疾病的影响，脑神经的细胞死亡逐步增多，听觉的下降是不可避免的现实。对于助听器的作用，就需要通过算法在麦克风和喇叭之间进行最优的功能配置。而中国的方言又多种多样，如果考虑到周围噪声的影响，助听器的技术进步就需要对语音进行研究，也就是语言发音和放大的研究。

自 2013 年起，新声科技开始投入自有声学算法的研究，如何把语音从复杂多变的环境声音中提炼出来，既能去掉不需要的环境噪声，又可以对语音进行放大，并保持很高的还原度，从而为用户带来更好的聆听体验。为此，2016 年新声科技在深圳设立了专门的算法研究公司。

"我们有信心使新声科技成为的未来家喻户晓的助听器品牌，我们就是要用这些技术来实现智慧聆听。通过自我学习的功能，带上一个助听器，它就可以识别周边的环境，自动调节放大倍数，包括在不同场景下的放大倍数。为了解决算力增加带来的功耗相应增加问题，新声科技推出的是一个围脖式的蓝牙助听器产品，因为需要配置体积更大的电池。"余仕湖满怀信心地展望未来。

在余仕湖看来，随着技术的快速迭代和发展，对语音的精准理解和算法的不断升级改进，对半导体芯片的低功耗和小体积以及续航时间的发展追求到极致，就会帮助形成"智慧聆听"这种概念。时机到了，风口就会到来。而传统的助听器国际巨头，在风口面前就将无法调整方向。因为智慧聆听的技术将使得传统的专业医生和经销商等渠道近乎完全失去价值。如同诺基亚公司这样的功能手机巨头错失智能手机变革时代，被苹果公司彻底颠覆。

或许，余仕湖将成为助听器行业的"乔布斯"！

余仕湖

厦门新声科技有限公司董事长

走出去、引进来、共分享，
精立项、强聚焦、快迭代，
新技术、新销售、新服务。

——余仕湖

第十三篇
唯恩电气：工业连接解决方案的专业供应商

佟文立

工业连接器，通常分为矩形连接器和圆形连接器，广泛应用于各类机械和自动化等需要进行电气和信号连接的设备中。

工业连接器在各类机械和自动化设备中可以实现大量及复杂电路的预先安装，极大地提高设备安装效率，减少接线错误率；同时，工业连接器能够提供高集成度连接，丰富的组合方式最大限度提高设备空间的有效利用率，以及方便、高效地实现设备各功能模块的模块化结构，使得设备能方便、安全地进行运输、安装、维护和维修；此外，工业连接器提供的高防护等级对于苛刻环境下设备连接系统的优势无可比拟，在沙尘、雨水、寒冷、冰雪、油污等恶劣环境下提供有效保护。

厦门唯恩电气有限公司（以下简称唯恩电气），是一家集研发、生产、销售工业连接器的国家高新技术企业，作为国内少数几家能够与国外巨头竞争的竞争者之一，致力于创建工业连接器行业世界一流品牌。

目前，被评为国家高新技术企业、福建省科技小巨人领军企业和厦门市创新型企业。唯恩电气拥有可以检测工业连接器各项性能的检测实验室。唯恩电气严格按照ISO9001质量体系、TS22163国际铁路行业标准（IRIS）和IATF16949汽车行业质量管理体系要求建立一整套完善的质量管理体系，公司已经取得德国TUV的体系认证证书。唯恩电气的产品认证方面，通过了CE、美国UL、德国VDE、俄罗斯EAC和GOST、中国CQC等多个国家和区域的国际认证。

目前，唯恩电气在北京、上海、广州、深圳、西安、成都、长沙、杭州、宁波、武汉、青岛、济南、苏州、扬州、常州、南京、

·模具车间·

·数控车间·

·针加工车间·

·自动装配车间·

公司车间

沈阳、长春、大连等地设有办事处，代理商或经销商普及至各工业地级市；除在德国和新加坡成立的分公司外，唯恩电气在欧洲、美洲、东南亚、韩国、日本等地区均有设代理商或经销商。

世界级的电气连接解决方案

目前，唯恩电气的工业连接器产品广泛应用于轨道交通行业、电力行业、工业自动化、工程机械、电梯行业等各个领域，并且与这些相关领域的头部企业建立了稳定的合作关系。

唯恩电气秉持标准化、模块化、定制化、贴近客户需求的产品设计理念，为客户提供标准化产品和定制化产品。同时，唯恩电气做出了对于客户的任何问题，会在24小时以内做出反应；迅速反应，必要时服务直达产品使用现场，做到客户100%满意的销售承诺。

在咨询、选型、定制、测试、培训和销售等环节，唯恩电气致力于为客户提供最专业的连接器产品咨询、最合适的产品型号、最优化的定制产品服务、最可靠的产品测试服务、最完整的产品使用培训服务和在于保障的产品售后服务。

通过快速灵活周到的本地化服务，唯恩电气切实为客户解决因交货周期长而需要长期备货的资金压力及库存风险，因技术变更或生产异常而需要紧急采购造成的项目停滞和因内部审批流程长而延长采购物料周期影响项目交付时间等困扰。

目前，唯恩电气的标准化产品在规格上可以满足轻量化、小型化，IP65&IP67常规防护、高压防护、IP68&IP69K超高防护，EMC电磁防护，耐严苛环境，紧凑密集，数据传输，模块组合，大电流传输等方面的要求。

此外,唯恩电气还提供组装定制线束解决方案——最优线束定制解决方案设计服务;专业的线束组装服务和快速灵活的交货速度及售后服务。

目前,在行业竞争力方面,唯恩电气的客户口碑已经做到能够和国外巨头并驾齐驱,为客户对高端产品的选择提供了可靠的国产品牌支撑。

在轨道交通技术中,由于分工细化及维护便捷要求,组件的模块化设计越来越受到重视。唯恩电气在高速列车、地铁跨接线、空调、照明等重要场合提供高防护等级的连接方案。唯恩电气的工业连接器为轨道交通领域的各种组件间的各类电气连接提供完整的解决方案,保证各组件在各种环境中安全、可靠地协同运行。

近年来,工业以太网技术越来越成熟,与传统的列车网络控制系统相比,工业以太网具有更高的数据传输速率(不低于100MBIT/S)和带宽,使大量信息传输、智能诊断、故障精确定位、专家诊断等功能成为可能,是列车网络控制系统的发展趋势,被越来越多地探索应用于轨道车辆通信网络中。唯恩电气的百兆传输模块,不仅拥有和传统 RJ45 以太网连接器相同的传输速率,还保持紧凑灵活的模块特性,满足轨道车辆通信端口日益增长的需求。

在能源领域,唯恩电气的工业连接器在太阳能发电行业中的逆变器、风力发电行业中的变速系统、火力发电行业中的高低压开关柜、输配送电网行业中的真空断路器、变电站中的配电柜、智能电网行业中的的接线箱等都有广泛的应用。

比如,风电场的设计寿命至少 20 年,因此对组件的质量和可靠性具有较高要求。作为风电行业的优秀供应商,唯恩电气致力于为客户提供风电信号、数据和电源传输定制系统，为变桨控制系统、电控柜、滑环、刹车、偏航系统、变流系统、风机通讯系统等提供连接器件及解决方案。

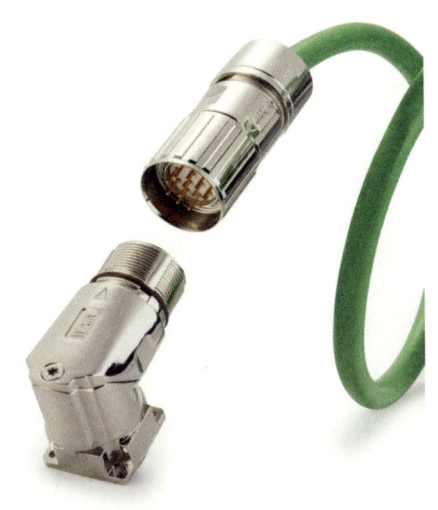

圆形连接器

在现代自动化技术发展中，灵活性是一个非常重要的指标。其中包括安装、使用、生产、调试中的灵活性、便利性。唯恩电气的工业连接器系列产品，以及可供选择 IP65、IP68 防护等级、多样的出线方式及锁扣方式的外壳，能够满足各种空间上及电气连接上的需求。同时，在工业自动化领域，唯恩电气的工业连接器系列产品在主控系统、电源和控制连接驱动、直流电机动力装置、传感系统，以及电气控制箱等系统中能够提供稳定可靠的连接。尤其对于机器人行业，稳定可靠的连接以及生产的延续性是最为注重的。在机器人集成系统领域，在 CNC（计算机数控）中，完全集成的灵活性制造系统（FMS），建立自预先设计的子组件硬件和应用软件模块的集合,机器人和产品定位装置、电气接口、手臂敷料包、弧焊包等解决方案,都需要实现稳定可靠以及生产的延续性。

在机械制造领域,由于设备及空间要求的多样化,一些场合除了传输强弱电外,还需要传输光及气体等媒介。唯恩电气的连接器为此提供了整体的解决方案,不仅具有众多电气连接器,也有其他媒介连接器(如气体连接器),可满足各种设备不同的应用场合,必要的话,可以在一个连接器内同时实现电气及气路的连接。

比如,唯恩电气的工业连接器在汽车生产线上主要应用于汽车车体成型系统、焊接机器人、控制柜、智能控制系统、装配流水线输送系统、提升机、工字梁毛坯车间、传动梁调节系统、金属梁组合系统。

汽车生产线为作为生产汽车作业的流水生产线,其作业线工序有焊接、冲压、涂装、动力总成等,以提高汽车生产厂家的自动化水平。目前国际通用的生产流水线几乎都遇到诸如安全性防护问题、维护问题。唯恩电气的工业连接器能够完美解决此类问题:在安全防护问题上,防护级别可达 IP65/IP68 等,能够有效防尘以及污染问题;在维护问题上,支持检修即插即用,支持部件预先生产组装,外线内线分开组装,进行方便而快捷的安装维护,减少安装错误发生。对于汽车线束的电缆尺寸大小长度,都可以达到预先定制,满足客户高效率需求。

经营理念

唯恩电气长期坚持精密产品、精心生产、精准交货、精诚服务的质量方针和从产品源头抓起,模具制造到成品出货,可全程把控的产品生产工艺，以确保核心部件品质的生产理念。

唯恩电气充分利用自身的生产能力，致力于实现核心零部件的自产并在发展过程中不断增加自供零部件的种类。目前，唯恩电气已经实现80%的核心零部件自产。完整的零部件体系，让唯恩电气在品质管品控上可以做到一以贯之。

唯恩电气的产品生产线覆盖从数控、自动装配、模具制造、喷涂、注塑、针加工、外壳装配到外壳压铸全工艺环节。除零部件外，唯恩电气自动化设备中的大部分工装夹具也均能自产。唯恩电气的柔性工装，涵盖定位元件，夹紧元件和刀具引导元件等。更换工件品种时，只需对该部分进行调整或更换元件，即可进行新的加工，省去因产品变化而投入的专用工装的费用和时间，最终不仅保证产品的稳定性能，也让产品更具性价比优势。

唯恩电气长期重视对生产自动化的投入，随着每年销售额稳定增长的情况下，实施一线生产员工通过公司机器换人、技术转岗等一系列政策，实现生产人员结构的重大改革。同时，下属的设备公司设计开发的自动化设备不断投入使用。

唯恩电气的产品质量源于对产品生产工艺的全程把控，拥有从产品源头的模具制造到成品出货等一系列现代化生产加工工艺。核心零部件的自产率和生产自动化，不仅保证了唯恩电气在行业竞争中一个重要的优势——产品质量的稳定，还带来了另一竞争优势——快速交付。

在供应物流方面，唯恩电气实现了在途物资、原料赋码、原料采购、订单确认、批量入库、来料检验、分拣上架、库存管理、下架出库等的流程自动化。

在生产物流方面，唯恩电气实现了批次/单品入库、多级检验、生产制造、下架、调度、生产计划、追溯、报表分析、绩效管理的流程优化。

在营销物流方面，唯恩电气实现了成品货物入库、移库、盘点、备货、补货、分拣、出库、报表、中转交接及客户交付、配送计划、与 ERP 平台无缝对接、信息共享管理的流程智能化。

展望未来

自成立起，唯恩电气就树立了坚持以客户为中心、快速响应客户需求、持续为客户创造长期价值进而成就客户的发展方向，成为行业的引领者的目标，为客户打造稳定可靠且富有创新概念的连接器世界的理想和成为全球客户肯定以及尊重的中国连接器品牌的愿望。

未来，已经计划借助资本市场赋能的唯恩电气除继续深耕工业连接器外，也将进军高端连接器的另外两个主要种类——新能源汽车用连接器和通信用高速连接器。

目前，唯恩电气已经启动了打造连接器未来工厂计划。作为行业内技术创新的领先企业，唯恩电气将打造行业内最先进、最具柔性化的连接器生产基地，实现总体效率提升 5 倍。

第十三篇 唯恩电气：工业连接解决方案的专业供应商

杨刚
厦门唯恩电气有限公司董事长

人才是企业发展的基石，薪酬机制是人尽其才的源泉。以客户为中心，就是要做到"精密产品，精心生产，精准交期，精诚服务"。

——杨刚

第三部分

材料

- 第十四篇　厦门麦丰：密封重任我担当
- 第十五篇　韦尔通：做价值链高端的引领者
- 第十六篇　万新：橡胶改变生活
- 第十七篇　三德信：不做制造的奴隶　要做制造的皇帝

第十四篇
厦门麦丰：密封重任我担当

秦 伟

"3万多个品种，1800多个配方，近2万副模具，2000多家客户。"这是成立于2002年的厦门麦丰密封件有限公司（以下简称"厦门麦丰"）如今晒出的成绩单。

"这么复杂的体系，基于我们系统化、流程化投入，都是靠我们自动化投入，长期以来麦丰靠投资驱动成长。"看着今天的麦丰，总经理张德富感慨万千，"长期以来公司不断对自动化、智能化投入，持续推进技术创新、管理创新，推动着公司成长。"

"厦门麦丰密封件有限公司2002年成立进入橡胶密封件行业，主营业务为高性能橡胶密封件细分市场。"张德富介绍说，主要产品高性能动态密封件属于工业"四基"发展目录领域内的核心基础零部件（元器件）中高性能动态密封件范畴。

"产品已代替国际知名品牌日本NOK、德国拜耳等高端密封件制造商。产品遍布欧美等发达国家。"张德富自豪地表示，厦门麦丰现已成为汽车橡胶零部件、家电橡胶配件、卫浴洁具橡胶配件、气动橡胶配件、五金机械橡胶配件及各种用途胶管、胶条等橡胶工业制品优秀供应厂商。汽车配件除出口外还进入国内汽车主机厂配套，在卫浴、家电、泵业等行业成为国内、国际许多知名企业主要供应厂商及长期战略合作伙伴。

梦想起航，从打工妹到董事长

将时间追溯回 1992 年，为了跟随丈夫，詹菊香从老家龙岩漳平来到了厦门。学习服装设计的她最初找到了厦门一家名为海山制衣厂的服装厂，在里面做一名普普通通的车工。为了补贴家用，她还同时开了两个小杂货店。那个时候，她的丈夫已经在一家做密封件的公司里工作。1995 年，在丈夫的指导下，她的小杂货店也开始经营一些密封件产品，这也使得詹菊香对密封件产品有了初步印象。

30 岁出头时，詹菊香曾想过拥有一个属于自己的服装厂，但种种原因致使这个愿望终未实现。但她的另一个尚未想过的"梦"却正式起航。

10 年的厦门生活，让詹菊香和丈夫积攒了一笔不小的资金，他们酝酿着要有一个属于自己的工厂，最终的目标就定位在了两人都熟悉的密封件上。"服装厂在厦门有很多，但密封件厂当时在厦门几乎可以说是个空白。"2002 年，詹菊香和丈夫找亲戚朋友再借了一些资金，开始走上创业之路。

最初，麦丰公司在岛内租用了一间 800 平方米的厂房，正式成立投产，开始有了自己的产品。包括詹菊香和她的丈夫在内，公司仅有 8 个人和一台小油压机。除了生产由丈夫负责外，詹菊香从事过公司里人事、招聘、采购、财务等各方面的工种，一天忙到晚，每天最少都要工作16个小时。但就是在这样艰难环境下,麦丰公司渐渐开始有了经济收益,没多久,就换到岛内一间更大的厂房。到2003年,公司员工已经增加到30人,同年年底,麦丰公司搬到了同安,企业产值有了较大的增长。

但随着公司的发展,詹菊香渐渐感觉自己的能力有限,不精通财务,不懂管理,要如何将公司做大做强?为了公司的持续发展,2007年,詹菊香来到厦大,学习了EMBA和EDP的课程,她学会了运用团队的力量。因为她明白,自己再厉害,也没办法面面俱到,公司的发展必须依靠团队力量才能前行。2010年,她又到国外与其他公司的高管共同学习交流。2011年,她还参加了心灵关

公司全景图

爱的的课程，整整花了一个月的时间，让自己的内心变得更加平和与宁静。

詹菊香在公司里出任董事长，她的丈夫则为公司的总经理。一个负责掌控生产目标，一个负责研发产品和技术，里应外合，十分默契。

今天的厦门麦丰，2020年营业额达3.5亿元人民币，纳税额达2200余万元人民币，获得国家涉水产品卫生许可批件，通过美国NSF、UL、FDA、英国WRAS、德国KTW、W270、DVGW、EN549、EN682、EN681、法国ACS、澳大利亚WATERMARK等国家产品认证，公司所有原料和制品均达到欧盟REACH法规、ROHS指令、PAHS指令、邻苯二甲酸盐指令、PFOS指令要求，确保本公司产品和客户产品能安全进入国际市场。

厦门麦丰通过IATF16949国际汽车工业质量体系认证、ISO9001质量管理体系认证、ISO14001环境管理体系认证、ISO45001职业健康安全认证、ISO13485医疗器械认证、"两化"融合贯标企业。利用ERP、MES、PLM系统进行生产管理和条码化物流管理，确保交期、品质成本得到有效控制。

公司不断采用先进技术，以最合理成本生产出客户最满意的产品。长期以来公司不断对自动化、智能化进行投入，持续推进技术创新、管理创新，为客户和社会提供服务，实现公司稳步发展。

公司外景

智能制造，力求破局立势

2020年，厦门麦丰的订单比同期增长约30%，而在2020年上半年的时候，公司的订单数量还只是与往年持平，背后的原因在于流程再造后生产营销效率的全面提升。"疫情期间我们开始布局数字化改造提升，随着产业的复苏，数字赋能的效果正逐渐显现出来。"张德富如是说。

"厦门麦丰持续推动生产自动化和智能化研发投入，使得公司在产品的技术和质量上处于橡胶密封圈细分行业领域的独角兽地位。"张德富表示。

日常生活中，橡胶产品无处不在，广泛应用于减震、密封、粘结、耐磨、防腐、绝缘、导电等诸多领域。别小看了这个小小的材质，它的生产工艺流程复杂，系统环节多，连续性强。例如，20世纪常见的国产汽车漏油质量问题，根本考验的是橡胶产品的密封性与机械结构配合的合理性，曾经也是一项"卡脖子"工程。

橡胶制品生产工艺流程复杂，系统环节多，连续性强，材料配比是关键。目前，行业内配方的设计，基本依靠大量人工、个人经验和多次实验判断进行配方开发。个人知识受限，信息受限，而且经常出现重复数据，从而导致资源浪费严重，效率低下等状况。

厦门麦丰作为橡胶制品行业领军企业，持续推进技术创新和管理创新，不断对生产自动化和智能化加大投入，使得厦门麦丰在产品的技术和质量上处于橡胶密封圈细分行业领域的"独角兽"地位，实现了不少产品的"国产替代"。

张德富介绍："为了更好的实现产品创新，特别是高端橡胶密封圈产品的研发，厦门麦丰于2020年开始探索通过人工智能技术实现配方的自动质量预测和优化，实现厦门麦丰产品力的全面提升。"

"炼胶是橡胶工业的重要环节，需要根据胶料最终指标成分，物性要求，结合各种原材料内各种成份指标以及工艺要求，形成配方比例对原材料做适当的混合，既要保证胶料质量指标各种最终产品物理性能同时要兼顾企业生产成本。"张德富表示，鉴于华为对于材料工业的数字化转型有着丰富的经验与夯实基础，并且华为的工业互联网平台能够充分为工业企业提供生产制造流和价值创造流。同时，华为在智能制造有着丰富的经验和强大的技术团队。

厦门麦丰最终选择携手华为&碧谷科技启动 AI 橡胶配方设计项目，根据麦丰目前的生产工艺流程，结合华为人工智能的场景有质量预测、配料优化等，根据目前的工艺流程和优先级，可以通过分阶段多批交付的方式持续上线，积极探索新 ICT 技术在稳定生产工艺、提升产品实物质量方面的作用，实现麦丰整体工艺技术水平的全面提升。

该项目将以厦门麦丰橡胶生产过程的信息化、数字化、智能化为出发点，以具有自主知识产权的全流程智能化关键技术研发为突破口，以云平台为依托，以稳定产品质量和提高生产效率、降低生产成本为最终目标，全流程、多层次地提升厦门麦丰的数字化水平。

通过该项目可以为工程师提供合理的配料方案参考，不但可以避免材料浪费，降低材料成本，而且可以简化操作、降低劳动强度，为企业降本增效，提高企业竞争力。最终通过不断训练能够提供合理的配方比例。

今天，走进麦丰工厂里，智慧工厂解决方案已在这里全面落地。

"我们有 3 万多个产品品种，每天的数据量都很大。在之前，我们计算产品成本极其复杂且用时长，效率低，经常计划赶不上变化，在排满计划的生产车间，插入急单，计划调整极其困难。"张德富说，现在企业实现了全阶段数字化管控，对生产环节中各个阶段的数据并且进行分析，极大地简化了生产操作，方便了生产流程和工艺管控，并在成本计算上更减少了时效浪费及成本浪费。

"尤其是大数据排程智能化，员工不用来回跑进行反复沟通，通过系统平衡计划生产、物流部门之间的安排，提高产能，加强生产管理，降低生产成本，提高生产效率。"张德富说。

张德富晒出了厦门麦丰 2020 年"成绩单"，"2020 年下半年，

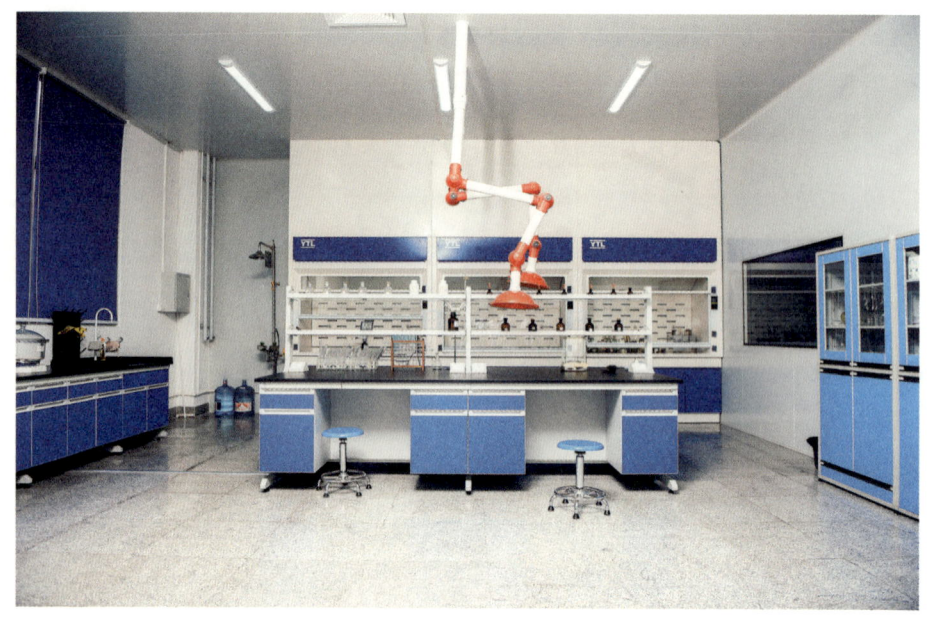

公司实验室

用了半年时间生产了29亿个密封件,营业额同比增长20%。"张德富面露喜色,"正是得益于智能生产系统,即便在去年下半年订单暴增的情况下,我们可以依靠大数据为精准决策做出判断,提前储备材料,提升了整个供应链的生产效率。"

红海竞争,大浪淘沙,对于工业企业来说,机遇与挑战并存,要从关键环节入局,通过数字化升级,力求破局立势,打造国际一流企业。

乘众人之智,则无不任也;用众人之力,则无不胜也。厦门麦丰启动 AI 橡胶配方设计项目,仅仅是开始。

"未来麦丰将通过推动物流、仓储和 ERP 上云,实现了三大系统在云平台的数据集成。三大业务系统的数据打通,极大地提升了业务运转效率,并缩短了从下订单、生产排程到包装出货的整个业务生产周期。"张德富兴奋地表示。

面向未来，求真务实永续经营

"当下多层次叠加的时代大潮汹涌起伏，新的科技创新不断颠覆，迎来新格局，产品迭代越来越快，市场博弈竞争更加激烈，客户追求快速开发、快速生产交货、简单化、更便宜、更便捷时代到来。"在张德富心中，厦门麦丰的不足与短板依然很多。"我们思维依然固守，面对挑战我们要改变，要创新，很多问题我们还没有答案，我们必须一条条破解，我们的技术、研发、生产、品质、计划、管理、业务、财务、IT等等都要快步前进，否则机会不会给我们。"

对于公司的未来发展，张德富的思路很清晰："一是要解决管理粗狂，切实加强人才队伍的建设，往精细化管理、精益化生产迈进；二是提升计划统筹能力，围绕客户诉求改善交期过长；三是执行品质是制造出来的，全员改变观念，落实公司品质观念；四是降本增效，提高人均产出，加大新材料、新工艺的开发，做好技术中试；五是加大新市场新领域的拓展，做好服务，打造麦丰的金牌客户体系，切实做到公司的核心为客户创造价值。"

"麦丰必须紧跟时代的步伐，紧跟国家政策，快速变革。历史的长河奔腾不息，未来的世界更加精彩。"张德富充满信心，也饱含底气地说，"执行'视同仁为傲、客户为宝、求真务实、永续经营'的经营方针；以'勤俭经营、稳步发展、不求最大、但求更好'的经营理念，不断致力于为客户和社会服务，实现公司稳步发展。"

詹菊香
厦门麦丰密封件有限公司董事长

没有完美的个人,只有完美的团队。
愿麦丰团队的每个人都能急流奋进,
扬帆起航,一起创造麦丰更加美好的明天。

——詹菊香

第十五篇
韦尔通：做价值链高端的引领者

骆 丹

"一年全球上市智能手机大约有15亿部，其中7亿产自中国，而在这7亿部手机中，有5亿部手机都在使用韦尔通的胶黏剂。"厦门韦尔通科技有限公司（以下简称"韦尔通"）创始人、执行董事李帅曾以2018年的销售数据如此形容韦尔通在手机产业中的作用。

韦尔通的主营产品之一为反应型聚氨酯热熔胶（PUR胶）。你可能没听说过"热熔胶"这个词，但必定用过涉及热熔胶的产品：我们所穿的衣服、鞋子，使用的家装饰材料、电子产品，出行的汽车等都使用热熔胶来粘结，可谓覆盖我们日常生活穿衣住行、娱乐等各个方面，其市场体量十分庞大。不过，在进入热熔胶领域时，韦尔通就选择了走很难走的那条路——向价值链高端迈进。

从全球市场上来看，中国绝大多数中小企业生产要求较低的热熔胶产品，依靠价格优势参与低端市场的竞争，而高端市场则长期被德国汉高、美国富乐、3M等国际知名化工企业所把持。为了实现高端胶黏剂的国产化替代，韦尔通通过不断创新研发，拥有了自主配方的关键技术，填补了国内高端聚氨酯热熔胶领域的空白，突破了国外跨国公司的技术封锁。公司所主营的聚氨酯结构热熔胶（PUR结构胶）是一种低VOC环保型电子胶黏剂，该产品主要应用于电子产品结构粘结、密封等，终端客户涵盖苹果、三星、亚马逊、OPPO、小米等知名品牌。截至目前，在消费电子结构粘接细分市场运用领域，韦尔通的出货量已经位居国内第一、全球前三。

不过，对于"年轻"的韦尔通来说，这只是一个开始……

从0到1
攻克第一位品牌客户

韦尔通正式成立于2016年3月，在临海的厦门岛上，此时还名不见经传的李帅联合几位朋友，开始了对PUR胶技术的研究，他们相信，中国智能手机产业将蓬勃发展，而高端胶黏剂在其制造生产过程中必不可少，国产化PUR胶凭借着技术、区域、成本等优势必然会迎来发展良机。

2011年开始，国内智能手机市场崛起，中兴、华为、酷派、联想"四分天下"，被誉为中国智能手机界的"四大天王"，而韦尔通的第一位品牌客户就是"四大天王"之一的联想。韦尔通创始人、总经理林鸿腾回忆起当时进入联想供应链的情景时，依然感慨万千，林鸿腾说："作为一个新诞生的品牌，肯定要面临众多质疑与担忧，但如何能够攻克第一个客户，非常关键。"

在当时，联想的"机海战术"正运用得"风生水起"，依靠运营商构建的销售网络，联想每年推出上百款新机型，在消费市场一片"火热"。不过，"机海战术"也就意味着每款机型的出货量不会

实验室

太多,这也就对手机组装的重工性要求极高。林鸿腾说:"对于组装使用的胶水来说,既要求在常温下必须稳定可靠,又要求稍微加热后,可以快速拆卸,方便重新做。"抓住客户痛点,韦尔通迅速进行针对性研发,在8家供应商中脱颖而出,产品性能得到联想研发部门的认可。不过,这只是过了进入联想供应链的第一个门槛。

当产品性能得到研发部门认可,韦尔通还必须经过联想新品导入部门的整机测试。不过,对于一个测试用工程机来说,其生产费用可高达几百万元,联想新品导入部门不愿冒险投入如此大的资金给予一个新品牌。林鸿腾回忆说:"要说服他们很不容易,我至少吃了7次闭门羹。"最终,韦尔通以诚意打动了联想,获得测试机会。配合联想的生产步调,经过几个通宵的验证,依靠优异的产品性能,韦尔通最终达成了与联想的合作。

无可替代
成就龙头地位

当有了第一个成功案例，新的客户开始接踵而至。韦尔通的第二个品牌客户为小米，韦尔通之所以能进入小米，正是为小米解决了"保压时间"的痛点。所谓保压时间，是指点胶之后的材料需要在保压制具的一定压力下，保持一段时间，以便胶水达到初始强度，保证被粘连材料不会变形。在当时，其他几家供应商提供的胶黏剂最短保压时间需要约 2 小时，而韦尔通提供的产品仅仅需要 10 分钟。那个时候，小米已经积压了很多订单，韦尔通产品远低于市场的保压时间，一方面可以帮助小米缩短制造时间，保证了交货时间，而另一方面也为小米节约了大量保压制具的成本。至此，韦尔通成功打入小米供应链。随后，韦尔通开始成为索尼、OPPO、vivo 等品牌的二级供应商，逐步进入手机供应链。

2017 年，韦尔通成为 OPPO、vivo、京东方、天马等品牌的一级供应商。2018 年，受益于国内主流手机厂家的认可，韦尔通销售额突增，主营产销售收入超过 1 亿元，研发投入持续增加，新产品不断问世；在这一年，韦尔通还开启海外征程，在美国设立办事处，为亚马逊等客户进行服务，截至目前，韦尔通已经在美国、韩国、日本、越南、印度等地设立分支机构，构建起全球销售及服务网络。2019 年，韦尔通正式成为三星一级供应商，为三星全球供货，得益于不断累积的客户，2019 年韦尔通的业绩达到新的高度：主营产品销售数量达超过 300 万支，比 2018 年翻了一番；主营产品销售收入将近 3 亿元，国内市场占有率排名第一，国际市场占有率排名第三。

技术开疆
为客户创造价值

对于韦尔通为何能在短短的时间内取得如此成就，可以用简短的4个字概括——技术开疆。在厦门火炬高新区（翔安）产业区内，韦尔通位于一座7层的小楼内，拥有2000平米的研发中心，研发中心下设重点实验室、精密实验室、老化实验室、应用实验室、品检实验室等，在实验室里，摆放着众多进口的科研设备，科研人员在其中井然有序地忙碌着。而在1000多公里外的上海，韦尔通还拥有着另一个2500平方米的研发中心。

"这就是我们最'贵重'的资产。"林鸿腾的所说"贵重"，既是指科研设备——每科研设备价值几十万甚至上百万元；同样，也指人。研发团队由国内著名学府同济大学材料学博士、美国阿克伦大学高分子博士带领，研发人员总计92人，占公司总人数的1/3。韦尔通年均将主营业务收入12%以上的份额投入研发中，得到的成果也令人振奋：众多推动产品更新和技术迭代的技术就从这两间研发中心中诞生，不断引领者着胶黏剂行业的革新与进步。截至2020年12月，韦尔通已累计获得专利授权33项，多个核心关键技术达国际领先水平，打破国外垄断，韦尔通也荣获"厦门市专利奖""厦门市首批次产品""中国科技创业协会科技创业贡献奖""厦门市科技成果转化"等众多荣誉。

对于科研的方向与理念，林鸿腾在接受采访时，反复强调"为客户创造价值"这句话。举例说，就手机而言，不同地区有不同的特殊需求，"比如，一款手机对标的是欧美市场，由于欧美人油脂分泌较多，则要求粘结剂需要耐油脂；如果对标的是印度市场，则需要耐咖喱"……这也就意味着,研发人员能够针对客户特定的应用需求,快速提供有效的胶粘方案。这个听起似乎很简单,但事实上,研究出一个配方,研发人员可能要研究几百种材料,材料选定之后,还要考虑配比和机身材料反应等适应性问题,过程极其复杂。据介绍,每次项目,韦尔通将花费数十万元购买与客户产品完全一致的实验材料,针对样本材料,研发人员需要进行上百次试验,最终确定符合客户产品性能要求的胶黏剂,才为客户进行后续的送样和生产,以保证客户产品的质量。

此外,手机作为一个电子消费品,更新迭代速度极快。以苹果为例,每年秋季举行的苹果新品发布会都被称为"科技界的一次狂欢",根据摩根大通的分析,从2021年开始,苹果产品发布会节

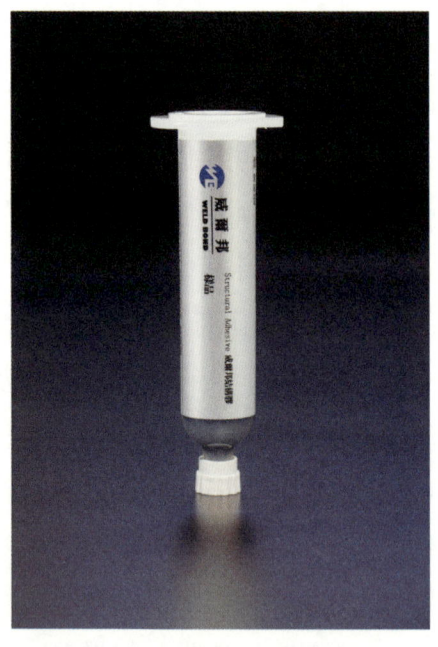

公司热熔胶产品

奏将发生战略性调整——每年 2 次推出新品设备，引领消费电子迭代浪潮。而事实上，位于最终产品前端的科技研发迭代速度将更快，更强悍的性能、更考究的设计、更纤薄的机身……每一个细节的变化，都将成为客户占领市场的重要手段。而韦尔通正在做的，是和客户一起开发一些前沿的设计。以手机屏幕为例，从小屏到大屏再到全面屏，手机边框越来越窄，对于粘接胶水的要求也越来越高。事实上，从 2016 年开始，韦尔通就已经开始研发全面屏手机窄边框 LCM 侧边封胶新产品，如今已经在各大手机厂商中得到运用。

"为客户创造价值"背后的强有力支撑，是韦尔通多年储备的一个"秘密武器库"：研发永远走在市场需求前面，在韦尔通的系统里，有一个海量胶黏剂配方数据库，一方面可以满足客户多元化的需求，而另一方面，可以提升响应客户需求的时间要求，林鸿腾说："我们有大量的配方，也有迅速调整的能力，别的企业可能还需要重新研发，但我们根据客户需求，有现成的或者微调就可以提供给客户。"而这个数据库还在不断增大，每天，韦尔通研厦门和上海的研发中心可诞生几十个新配方，这样日积月累下来，形成上万个的配方数据库。

布局未来
迈进半导体与新能源

2020 年 8 月 13 日，在同翔高新城（同翔高新技术产业基地）同安片区，韦尔通的领导们挥动铁铲，将一铲铲砂石抛向"奠基碑"——韦尔通科技工业园正式开工建设。科技工业园建筑面积约

5.7万平方米，预计总投资超过1.5亿人民币，项目计划于2021年年底完工，届时，韦尔通将拥有现有产能6倍以上的产能，为韦尔通进一步发展提供了坚实的保障。

对于未来发展的方向，韦尔通聚焦在了"新领域、新市场"。在产品领域上，韦尔通希望"由外入内"，林鸿腾说，在结构胶领域，韦尔通已经成为行业内的龙头企业，韦尔通希望在另一赛道——电子胶领域，向行业领先地位发起冲锋的"号角"。2017年，韦尔通决定在结构胶的基础上"杀"入电子胶领域，在上海成立研发中心，主要开发电子功能性材料。2020年4月，上海研发中心完成增资与扩建，在上海浦东新区落成，面积达2000多平方米，并依托上海的地缘优势，吸收更多行业专家，主要研发方向是围绕5G的导电、环氧、丙烯酸等产品，力求为国内外半导体芯片客户提供更优秀的电子胶黏剂解决方案。韦尔通希望通过技术的不断研发，在不久的将来成为国际半导体领域的领先胶黏剂供应商。

而与此同时，韦尔通还有一个聚焦领域——新能源汽车。2021年3月30日，雷军宣布"造车"，剑指智能电动汽车，首期投入100亿人民币，未来预计累计投入100亿美元，本次被雷军誉为"人生最后一次重大创业项目"的造车官宣，再次"引爆"人们对新能源汽车关注与期待。在传统燃油车领域，由于起步较晚，国内尚无企业能与国外高端车企相抗衡，而凭借着国内先进的互联网技术与制造技术的积累，新能源汽车成为国内企业在汽车行业"弯道超车"的绝佳机会，随着各路势力纷纷入局，一个巨大的市场正在形成，根据工业和信息化部统计，至2020年，中国新能源汽车产销量连续6年蝉联世界第一，而这个这只是一个开端，2020年11月初，国务院办公厅发布《新能源汽车产业发展规划（2021-2035

年)》,明确提出到 2025 年,新能源汽车新车销售量要达到汽车新车销售总量的 20% 左右,预计届时新能源汽车销量达到 500 万辆以上。依托于新能源汽车的爆发增长,新能源汽车电子将是一个体量巨大的产业。而韦尔通将入局新能源汽车的雷达摄像头、中控显示屏、传感器、动力电池等多方面的胶黏剂市场,韦尔通相信,凭借丰富的经验和技术储备,必将能在该领域占据有利地位。

随着未来布局的不断实施与完善,韦尔通预计,未来 3~5 年,营业收入将达到 10 亿 ~20 亿元的体量。新领域、新市场、新未来,而韦尔通的初心从未改变——向着价值链更高端迈进。

林鸿腾
厦门韦尔通科技有限公司创始人、总经理

技术开疆、品质守土是企业可持续发展的基石。

——林鸿腾

第十六篇
万新：橡胶改变生活

佟文立

走进位于福建省厦门市集美区厦门万新橡胶有限公司（以下简称万新）的楼梯走廊和会议室，一幅幅冠之以"橡胶改变生活"的世界级发明家和产品照片悬挂于墙面上。

万新，相信每个好产品都是由各个好的零部件组成；专注于具有国际认证的定制化橡胶配方、定制模压橡胶或LSR（一种双组分液体硅胶橡胶的专有名称）零件、塑料注塑制品以及包胶类两种或多种成分的组合橡胶零件；在橡胶产品制造过程中追求卓越，提供卓越的模压橡胶产品。

人类的橡胶时代

橡胶，包括天然橡胶和人工合成橡胶，都堪称人类在材料领域最伟大的发现和发明之一。

早在11世纪，南美洲的印第安人就开始利用野生天然橡胶。

18世纪上半叶，欧洲科学家在南美洲进行科学考察时，观察到三叶橡胶树流出的胶乳可固化为具有弹性的物质，从此引起了欧洲人的注意。

19世纪上半叶，英国人汉考克发现橡胶通过两个转动滚筒的缝隙反复加工，可以降低弹性的同时提高塑性。汉考克的这一发现奠定了橡胶加工的基础，他也被后世公认为世界橡胶工业的先驱。

1839年，查尔斯·固特异发现橡胶与硫磺共热可以大大增加橡胶的弹性，不再受热发黏。从此，橡胶硫化技术让橡胶成为一种稳定而且不粘合的材料，并对推动橡胶的应用起了关键的作用，橡胶工业开始形成。19世纪末期，汽车及汽车轮胎的出现更是推动了橡胶工业的蓬勃发展。

随着橡胶工业的迅速发展，原用野生的天然橡胶在性能和产量方面已不能满足需要，人类从19世纪中后期开始天然橡胶的人工栽培。20世纪20~30年代，人工栽培的天然橡胶已经逐步取代野生橡胶，成为天然橡胶的主要来源，而这一时期合成橡胶的从发明到大规模化生产更是见证了随后的一系列伟大时刻。

1909年，德国拜耳公司的霍夫曼发明了合成橡胶。尽管霍夫曼开发出来的合成橡胶因为成本高昂而且在空气中会快速分解，但合成橡胶在随后的20年里取得了一系列的重大技术突破并大规模商品化生产——丁钠橡胶、丁苯橡胶、丁腈橡胶等。这更是为后来高性能橡胶的发明奠定了基础。

伴随合成橡胶从无到有的是大批今天人们熟知的世界级公司和品牌，米其林、固特异、杜蕾斯、箭牌、耐克、阿迪达斯……这些公司以合成橡胶为基础为人类创造了新的需求，人类需求的不满足又反过来促使它们开发出更多更好的橡胶产品。

公司厂房外景

成长历程

作为万新创始人的兰加水，1998年从厦门大学毕业后先后进入台湾和新加坡公司从事材料配方开发方面的工作，其间还获得了"质量管理黑带大师"的称号。

在新加坡公司任期期间，兰加水由于项目开发和业务往来的关系，萌生了创业的想法。

2003年，万新在厦门成立，并树立起"立百年企业，创百年品牌"的使命愿景。

2004年，万新与日立、博世、松下开始建立业务关系。

2005年，攻克无多环芳香烃（PAHs）的橡胶配方技术。

2007年，万新通过ISO9001，14001体系认证，凭借攻克无PAHs橡胶配方被博世提名为最佳供应商。

2008年，万新建立炼胶车间，开始自行炼胶。

2010年，万新设立无尘车间和液体硅胶车间，并成为大陆集团供应商。

2011年，万新导入ERP系统。

2013年，万新通过TS16949质量体系认证。

2015年，万新导入上辅机自动化炼胶系统、推行条码系统，通过北京现代SQ认证，与麦格纳开始合作。

2017年，万新旗下克立公司被评为厦门"双百人才"企业，通过IATF16949认证。

2018年，万新获得厦门市专利奖三等奖。

2020年，万新成立ODM团队，自行研发智能硅胶口罩，该产品还获得厦门市"10大科技战疫产品"提名。

万新是一家集橡胶配方设计、产品研发、模具设计和生产加工于一体的中外合资企业，万新拥有员工200多人，其中研发人员占比约11%，厂房面积12000平方米；已申请47项国家专利，其中发明专利10多项，已授权专利37项，其中2项为发明专利；14项发明专利进入实质审查中，其中4项发明专利进入了受理阶段；另外2项发明专利已经获得国外受理。

万新注重产品创新、团队建设、人才培养，万新与厦门大学、福建师范大学等知名高分子材料研究机构及业内一流企业达成战略合作，共同打造高分子新材料研发中心；包括与厦门大学一起合作建立了研究生工作站，并于2017年入选厦门市"双百"人才计划；以及与福建师范大学一起合作建立了毕业生实现基地，以更好地培养后备研发人才。

万新具备专业的 OEM/ODM 制造能力，拥有六西格玛管理系统、精益生产系统、ERP 系统、MES 系统、WebEDI（电子数据交换系统）系统、条码系统、J-I-T 交货系统、通用汽车 BIQs 系统，产品涵盖高性能橡胶制品、硅胶制品、塑胶制品、橡塑多组分制品等，主要应用于汽车、新能源汽车、电子、医疗等领域，市场覆盖全球 20 多个国家和地区。

万新的产品深受 Tier I（汽车一级供应商）和保时捷、奔驰、宝马、特斯拉等主机厂的信赖和认可，是目前中国最专业的汽用橡胶制品提供商之一，主要为全球汽车一级供应商排名前四的博世、大陆集团、麦格纳、采埃孚等以及世界 500 强科德宝、特瑞堡等提供 OEM 服务，终端客户覆盖保时捷、奔驰、宝马、大众、通用、福特、特斯拉、沃尔沃等。能够成为 Tier I 前四品牌橡胶零件的核心供应商本身就具有隐形冠军的特质。

在不断发展过程中，万新获得了多项荣誉资质，包括：国家高新技术企业、福建省专精特新中小企业、福建省循环经济示范试点企业、厦门市科技小巨人企业、厦门市成长型中小微企业、厦门市专精特新小微企业、厦门市专利奖"三等奖"、青年文明号，等等。

体系化的能力

虽然并非橡胶类基础材料的制造商，而是一家橡胶制品类企业，万新在研发和制造以及质量管理方面都成功塑造了体系化的能力。

在研发能力方面，万新经过 10 多年的发展和经验积累，与厦门大学材料学院进行材料配方、分析测试、前沿技术攻关、产品功能测试等方面的合作，拥有强大的研发团队和先进的配方开发能力；万新材料实验室拥有先进的材料分析测试设备，背后还可以借助厦门大学材料学院更强大齐全的分析测试设备；万新同时具备先进的模具设计和加工能力，具有模流分析及有限元分析的能力，拥有世界一流的加工设备、恒温洁净控制车间，更是为复杂、高精度模具的设计、开发和制造提供了保障；万新能够为不同领域的客户提供模压成型快速打样服务，包括常规的铝制或钢制样品模具、数控加工模具以、产品 3D 打样等；产品的开发过程严格遵守 APQP 和 PPAP 流程，以确保向客户提供一次性合格的产品。

无尘车间

在制造能力方面，万新拥有国际领先的上辅机系统和立体式混炼设备，绿色环保，自动化配料，车间信息化系统，条码系统，恒温恒湿存储系统，确保材料配方的一致性，同时确保材料具有高品质、优异和稳定的物理化学性能；万新的配方获得国际化认可，多个配方已经获得汽车一级供应商和主机厂的认证，在汽车零部件行业通用；在成型设备能力方面，万新具备三种常见的压出、转射、注射成型能力，以满足不同尺寸、原材料、颜色和不同结构的定制化橡胶制品，万新引进欧洲先进的橡胶成型设备，如马普兰注射成型设备等，国内率先推广冷流道无毛边技术，推行自动化和精益生产，减少人工操作、节能减排，实现可持续发展，万新还拥有先进的液体硅胶成型设备如奥地利 Engel，德国 Boy，奥地利 Elmet 等；万新还拥有先进的后段处理设备，如冷冻去边、视觉检测设备、气密性检测等自动化设备，以替代和减少人工操作、提升效率和品质稳定性；万新拥有 30 万级无尘车间并且通过了 ISO13485 认证，向客户提供符合食品卫生和医疗行业要求的橡胶制品。

在质量体系方面，万新早早通过了 ISO9001、ISO14001 认证，树立了"质量第一、技术创新、专业服务、持续改进"的质量方针，万新注重质量管理，保证为客户提供优质的产品；万新也制定了"遵守法规，爱护环境，精益生产，持续改进"的环境方针，按照 P-D-C-A 的运行模式，修正并持续改进环境管理体系和环境管理绩效。

在质量管控体系方面，万新不仅很早就通过了 TS16949 汽车体系，还配备了先进的测量设备，如三次元 CMM、2.5 次元、μ 级轮廓投影仪、清洁度测量仪和定制设计的弹跳、磨损、其他功能测量仪等等；此外，万新采用 SPC 工具对过程能力进行统计分析，以确保过程能力的可靠性；万新拥有一位六西格玛黑带大师，已经培养了多位六西格玛绿带大师，推行六西格玛管理和通用汽车BIQs质量体系。

液体硅胶的导入者

LSR，一种双组分液体硅胶橡胶的专有名称，液体硅橡胶注射成型技术是20世纪70年代末由欧洲人开发的一种新型高效率硅橡胶成型方法。经过多年的研究和发展，越来越多的人们已认识并采用液体硅橡胶注射成型技术（LIM）生产硅橡胶制品，迎来了硅橡胶加工业高效率，高质量及低成本生产的新时期。同传统的热硫化（HCR）成型工艺相比，采用LIM工艺生产橡胶制品时，具有省时节能，免除后处理工艺，产品成品率高，综合成本低（LIM比HCR节约40%左右）等优点。自90年代中期以来，已被一部分硅橡胶加工企业采用LSR及LIM工艺生产硅橡胶制品，用于交通运输，电子电气，机械制造，航空航天等高端领域。因此，液体注射成型硅橡胶（LIM-LSR）具有较好的市场应用前景。

21世纪的前十年就是万新不断积累经验的过程，十年磨一剑、厚积而薄发，万新正是在与汽车行业的德国客户合作过程中，发现LSR成为越来越旺盛的客户需求，万新2009年就开始研究液体硅胶材料和成型工艺，2010年投入液体硅胶成型设备，成为国内最早的液体硅胶橡胶材料和制品成型技术的导入者。

液体硅胶模具作为液体硅胶生产的核心技术，模具能够全面提升良品率，减少材料浪费，避免后道加工工序，降低车间故障率，实现自动化生产。一个好的液体硅胶模具，应该具有的优点有：稳定的产品品质，稳定的生产过程能力；容易拆卸保养 & 故障问题容易设备；高的产品精度 & 无飞边材料浪费；模板型腔具有很好的温度一致性，前半模 & 后半模的良好隔热性；安装简单，上机的工艺条件简单，废品率低；结构简单，造价合理；万新每年在液体硅橡胶模具上的研发投入超过 500 万元，一直致力于冷流道无飞边的模具设计、自动调胶平衡以及自动化生产方案的研发，提升模具竞争力，以更大的限度提升产品的竞争力。

面对日益竞争激烈的人才竞争和人工竞争，对于劳动密集型企业提出降低人工费用和直接用工数量的挑战。万新面对挑战，研发了自动化取件，并针对自动化做了大量的优化项目，结合产线和设备的改善，很大限度地提升了效率；由于稳定的生产节拍，给产品的品质稳定也带来了极大的推动。

橡胶制品需要后道加工，去除飞（毛）边和外观检查，特别是汽车行业对橡胶零部件要求更高，要求 100% 检查，肉眼检查需要耗费大量的人力，人工有很多不稳定性，而且依赖肉眼检查会产生视觉疲劳漏检或出错；而橡胶具有柔软弹性等特点，特别是液体硅胶表面自身很黏，传统视觉检测技术无法满足要求，上料、光源、视觉算法等方面均要突破，万新于五六年前就开始与欧洲其他厂家合作，一举了攻克橡胶产品视觉自动检测技术。

通过近 10 年的努力，万新通过液体硅胶产品成为博世、采埃孚等汽车一级供应商的核心供应商和战略伙伴，实现了对其他橡胶同行的弯道超越；目前仅液体硅胶产品年产值超 5000 万元，3 年将翻一番；万新分别在液体硅胶冷流道无飞边成型、自动取件、视觉自动检测等技术上一直在国内 LSR 行业的领先地位，尤其在 LSR 汽车零部件细分领域，万新处于福建省前三，国内处于领先地位。

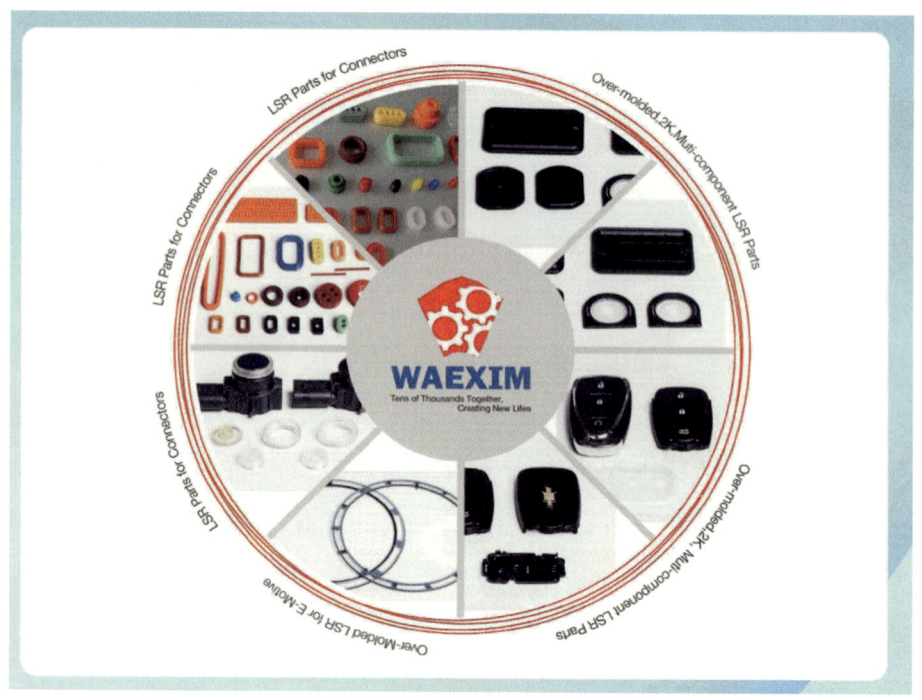

液体硅胶产品

攻克难题、赢取未来

液体硅胶技术含量和资金密集度高，材料的配方和关键技术都由道康宁、迈图、瓦克、信越、罗地亚、蓝星等世界几大有机硅企业掌控着。

正如前面一开始介绍的"橡胶改变生活"，万新是一个有梦想的企业，敢想敢做，行动胜于语言，关键在于落地；万新借助于厦门大学材料学院强大的技术平台，已经在新型耐高温易散热液体硅胶材料的研发、选择性粘结材料、高透明的液体硅胶材料、低摩擦系数液体硅胶材料等关键技术方面取得了突破、并做好了发展战略和护城河布局。

新能源汽车的高速发展，对新型的电控单元的密封材料要求耐高温，耐超高温，而且还要求密封材料具有良好的散热性能。2017年，万新与厦门大学合作共同研发的耐高温易散热高性能新型液体硅胶材料面世，并申请了国家发明专利，该专利还获得了2018年厦门市专利奖三等奖。

随着3C、汽车以及其他相关行业的防水等级的提升，对防水密封件要求也在不断提高。传统塑料+密封圈的密封方式，不能再满足目前产品的开发使用，目前的趋势正在向P+R（塑料+橡胶）化学粘接的方面发展，早期通过热固胶水来连接塑料+硅橡胶，但是随之而来的是溶剂、挥发物等物质对人体的危害影像，由此衍生出了选择性粘接材料的应用。选择性粘接材料在不加任何介质的前提下，能够在高温的时候和塑料树脂发生粘接反应；一方面很大程度地提升了效率，另外一方面材料的环境友好性极佳。万新于2018.4月开始研发，并且申请了这项技术专利。

伴随着新能源汽车的普及，汽车由传统的代步工具开始转化为智能出行装备，也具有更丰富的科技元素。作为点亮汽车的眼睛，车灯从传统的照明大灯到目前盛行的内饰氛围灯，都给予新的材料运用更加强大的生命力。高透明的液体硅胶正在慢慢取代LED灯源中的玻璃/PC等材料，其具有更良好的耐热稳定性，耐黄变性，耐高温等；高透明的液体硅胶材料赋予了灯光更多的可能性。目前万新研制的新型高透明的液体硅胶材料已经形成了专利。

而随着电子工艺的高速发展，自动化集中化的发展趋势，越来越多的行业对于表面静电要求极高，材料的表面的摩擦系数是产生静电和阻碍自动装配的重要指标之一，降低硅胶表面的摩擦系数又成为一个很重要的研究课题。2018 年通过研究材料的润滑性能和材料的分子链改性，万新研发了新型液体硅胶表面低摩擦系数材料，并在 2018.04 提交了专利申请。

近几年来，万新每年都会建立 7~8 个研发项目，用于新技术领域的研发。目前，万新 70% 的研发项目来源于客户端的开发需求，保持 30% 左右的项目会用于关键技术的突破。

在液体硅胶的技术发展路线方面，万新确立了自己的研发目标：通过液体硅胶无飞边的技术运用，每年节约 15% 材料损耗；通过液体硅胶模具的开发，研发媲美欧美最先进的模具技术；通过自动化开发实现 20% 的人均产值增长；通过产品视觉自动检测的开发，每年减少 20~30 个人员的投入。

万新的目标通过创新、突破、攻克难题、赢取未来！正如万新公司口号：万众一心、缔造新生活，万新正朝着新生活的目标努力！

兰加水
厦门市集美区厦门万新橡胶有限公司董事长

1. 对手可以做到,自己没有理由做不到。
2. 满足客户要求,品质第一,永保质量稳定。
3. 快、准、狠、通、毕、达。

——兰加水

第十七篇
三德信：不做制造的奴隶
要做制造的皇帝

骆 丹

"主屏幕 6.6 英寸，背面 6.38 英寸屏幕，折叠全面屏设计，可实现 0~180 度自由翻折，展开时屏幕可达 8 英寸，无限拓款视野的边界，眼界更开阔，体验更沉浸。"2019 年 2 月 24 日，在西班牙巴塞罗那，华为发布首款 5G 折叠屏手机 Mate X，轰动一时。在此前，三星、柔宇科技等已经相继官宣可折叠手机……人们所畅想的"小可缩为手表，大展可为平板"的智能手机似乎正在逐步变成现实。

折叠手机的出现，其核心离不开柔性 OLED，即柔性屏。在柔性 OLED 中，柔性盖板是决定柔性形态能否实现的关键技术之一，在目前的市场上，柔性盖板材料主要有两大阵营：透明聚酰亚胺薄膜（CPI）与超薄柔性玻璃（UTG）。其中，日本住友化学、韩国 SKC、韩国 KOLON 等公司基本垄断了 CPI 市场，而 UTG 制造环节较为领先的厂商主要包括美国康宁、德国肖特、日本旭硝子等。不过,厦门一家柔性光学材料解决方案提供商和服务商——厦门三德信科技股份有限公司(以下简称"三德信")引起了这些世界龙头企业的注意。其自主研发了 CPI 折叠屏模组、柔性折叠盖板、柔性折叠屏幕模组等多项产品,为柔性显示材料国产化,甚至实现弯道超车吹响了号角。

挖山腾海
与厦门共成长

30 年前,在厦门岛东北一隅的小东山,人们收到了一则振奋人心的消息:厦门火炬高新区被列为首批国家级高新技术产业开发区,其也因此成了全国三个以"火炬"命名的国家高新区之一,希冀着以"火炬之光"为厦门经济特区高速发展之路带来别样的光辉。同样,也是在 30 年前,初中毕业的吴雪和从江西来到了厦门,将一腔青春热血,挥洒在这片此时还略显贫瘠的大地上。"挖山腾海",吴雪和用这 4 个字形容初来厦门时的工作,在当时,吴雪和从事建筑运输相关的工作,亲眼亲手见证着厦门如何从一个海边"小渔村"发展成为全国"大都市"。时代创造"精英",吴雪和对中国的发展充满了感激之情,"真的非常感谢邓小平先生,感谢中国的改革开放,不然,我也没有机会来到厦门'挖土'。"吴雪和说。

10 年弹指一挥间,世界五百强企业 ABB 集团、日本第四大电气公司富士电气、著名电脑品牌戴尔电脑,全球平板显示巨头台湾友达光电相继落户厦门国家火炬高新区,擘画出厦门发展历史的一幅新图景。10 年转瞬即逝,吴雪和在进入而立之年之际,创立了厦门三德信商贸有限公司，经营范围包含批发零售汽车、机械电子设备、五金交电、建筑材料、电子产品及辅料。伴随着厦门电子产业的迅速发展，吴雪和从中看到机会，2005年，厦门三德信电子科技有限公司在厦门火炬高新区诞生，主营业务是为电子产品提供缓冲包装材料的研发、制造与销售。尽管吴雪和学历不高，但学习从未止步，他明白在发展日新月异的时代，唯有不断创新的技术方能在市场站稳脚跟。在当时，电子产品包材普遍使用聚苯乙烯泡沫，尽管试验证明，加工稳定后，聚苯乙烯泡沫游离出的有害物质苯乙烯极少，但如遇高温等使用不当情况，仍会释放出有害物质对环境和人体造成不良影响，2007年，吴雪和创新发明聚乙烯泡沫，解决了这一难题。2011年，在国家知识产权网上，"一种高级发泡聚乙烯产品的制备方法"向社会公布，这是吴雪和对聚乙烯材料的再一次改性，解决了普通聚乙烯材料密度低、硬度小，长途运输时的耐碰撞性能较差，无法适应高档电器和精密仪器的保护要求的问题。其极高的性能迅速成为市场的"抢手货"，成为苹果、三星等众多知名品牌商使用的必备包装材料。吴雪和无不自豪地说："当时预付30%的货款我才排生产，发货之前付40%，到了再付30%。"凭借过硬的技术，三德信占据着市场的话语权。

2015年，三德信迎来了发展历史上第一次转型升级，公司从包材制造商转型成了光学显示材料（OCA）制造商。吴雪和并不认为这是一次"跨行业"的转型，他说："首先，我们都是服务光学电子"，而其次，吴雪和希望从传统材料领域进入一个技术门槛更高的新材料领域——光学薄膜材料。

企业办公楼外景

变不可能为可行
微不足道里作大文章

"缺芯少屏",一直以来是高悬在中国制造头上的两把"利剑",而在显示屏的背后,偏光片(POL)是其重要的关键材料,上下两张偏光片分别贴在玻璃基板两侧,少了任何一张,液晶屏都不能显示图像。而 OCA 光学胶作为一种无基体材料的双面贴合胶带,是触控屏的最佳胶黏剂,用于手机屏幕和液晶屏的完美贴合。在 2015 年进入光学显示材料领域时,三德信主要业务为 OCA 材料的加工,作为一家 OCA 专业模切厂,三德信积极开拓丰富各种 OCA 材料资源,与国际领先的 OCA 原材料供应商建立了合作关系,随着对 OCA 材料性能深入研究,他们开始发现一个问题:随着手机屏占比越来越高，手机边框越来越窄，前置摄像头常通过屏下开孔技术安置，屏下开孔工艺分为通孔和盲孔两类，通孔手机屏幕的背光层和液晶层全部打通，将摄像头嵌入其中，但其对液晶层二次加工工序较多，且多层材料组装精度低，圆孔较大，加工成本较高，良品率一般；盲孔技术则是OCA光学胶和液晶面板不开孔，上/下POL开孔，降低风险的同时，还能提升出货速度，不过传统的盲孔解决方案，采用切片+研磨+挖孔的工序，机械数量要求多，且挖孔时，受机械振动影响，孔的加工良率约为80%。为此，三德信创新性引入了镭射加工POL工艺，使用热效应原理，对POL成品进行一次成型加工。当吴雪和将自己的工艺思路向下游厂商提出时，厂商一致认为"不可能实现"——偏光片结构包含PVA（聚乙烯醇）膜、TAC（三醋酸纤维素）膜等光学材料，遇上镭射，如果热量控制不好，对偏光片产生致命影响。

吴雪和回忆起当时攻坚的日子：从早上一直研究到次日凌晨3点，日复一日，一个细节一个细节地扣；在2018年全球贸易紧张的时刻，吴雪和仍然毫不犹豫拿出2000多万元研究与技术改造经费，"积累的钱倾家荡产全部投下去。"吴雪和说。功夫不负有心人，三德信做到了，"镭射切割盲孔技术"横空出世，其工艺不仅简单，而且可靠性高，孔的加工良率可达95%~98%，这也是当时全球首家成功研发使用该项技术的企业，随后被中国、日本、韩国等世界知名面板企业采用。吴雪和说："一个打孔工艺，看起微不足道，但是就像做菜的盐，虽然小但没有就是不行。"也因为这个技术的研发，中国填补国内短板，打破了日韩在高端显示屏产业链上盲孔技术的垄断。至此，三德信完成了公司发展历史上的第二次升级：从单一产品（OCA）延伸到成为多产品（POL）先进制造商。

折叠手机来袭
革新柔性显示材料

2019 年，手机界又出现了"新潮流"：2 月 21 日，三星举行新品发布会，宣布推出折叠屏手机 Galaxy Fold；11 月 15 日，在华为商城里，华为 Mate X 折叠屏手机在万众瞩目中上市，瞬间被"一抢而空"……在当时，透明聚酰亚胺薄膜（CPI）是可折叠手机的核心材料，被誉为"黄金薄膜"——CPI 量产较少，价格昂贵，市场由韩国 KOLON、SKC、日本住友化学把持。不过，一场产业路线变革式创新正在三德信萌发。在 CPI 传统的产业链上，需经过"化工企业、CPI 聚合物合成＋制膜、表面功能化处理"，最终才能抵达终端应用。

不断创新与迭代，一直印在三德信人的血液里，三德信正在探索的 CPI 基膜材料技术开发路线，其正在开拓一条全新的产业线路：化工企业提供原料→通过三德信研究的新工艺实现"制膜＋表面功能化处理"一体化处理→终端应用。而由于三德信上游资源均为国内企业独立生产，全新的产业线路可使得 CPI 薄膜的生产制造完全国产化。而其实验室自制 CPI 膜与韩国 KOLON 等公司的产品，通过数据对比，在透光率、热膨胀系数等方面达到同等水平甚至优于对手。至此，三德信筹备进入 CPI 材料制造领域，进行第三次企业升级。

时间仅仅过了一年，2020 年，三星新款折叠屏手机 Galaxy Z Flip 面世，该款手机用最新的超薄玻璃（UTG）为盖板替代了 CPI，

公司生产车间

相比 CPI，UTG 盖板更坚硬，不易被刮擦，且透明度和耐热度均超过 CPI。目前在 UTG 领域领先的为美国康宁、德国肖特等龙头企业。不过，由于技术限制，UTG 的缺点也较为明显：UTG 生产制造良率较低，此外其还有一个重要的难题——超薄的代价是抗冲击能力变弱，容易破裂，一方面造成价值不菲的手机容易损坏，另一方面破摔后飞溅的高分子被人体吸收则会威胁人身安全健康。传统的解决方法是在 UTG 上增加一层 OCA、PET 保护膜，用于抗冲击和飞溅，吴雪和形容说："就像在手机表面贴了一层膜，人们触碰的还是塑料，体验感降低了很多。"不过，就算如此，其效果似乎并不是特别理想，多次试玩用户反映，在试玩过程中就出现了碎屏现象。

为了解决这一行业难题，三德信推出 G1 UTG 防爆方案，在 UTG 靠近人机交互界面侧加上三德信自主研发的防爆层涂料，可大大提升目前市场上 UTG 盖板的抗冲击能力。而这并不是三德信的最终目标，据吴雪和介绍，G2 UTG 防爆方案已经通过实验数据，直接将防爆材涂料涂于 UTG 上，经过表面硬化处理，无须使用保护膜，即可达到抗冲击和防飞溅，同时还保证了UTG屏幕的使用触感。吴雪和说："G1是一个过渡产品，我们需要一步一步往前走，先把材料研发出来，然后在应用上突破技术，将体验感最好的东西呈现给大家。"此技术的研发成功并应用，吸引了美国康宁伸出橄榄枝，希望与三德信达成合作。

此外，三德信的防爆解决方案还应用在了四曲玻璃上——ECG（Enhanced Curved Glass，四曲玻璃增强解决方案）。落球试验是国际上用来测试产品抗冲击性的标准试验，即，将规定质量的球从不同高度落下，以测定试样在承受落球冲击击下产生裂痕所需的能量。四曲玻璃原材的平均落球高度为20cm，在其凹面涂上一层10~50μm的三德信透明有机防爆材料后，其落球高度得到了明显提升，其中涂了A系防爆材料的四曲玻璃，落球平均高度为94cm，性能直接提升3倍多。这也就意味着在保留了玻璃本身的触感和观感的同时，三德信为四曲玻璃的减薄提供较佳的解决方案。

此外，三德信功能型涂布液技术开发路线正在如火如荼地进行，CPI用AF/HC，Flory项目被客户验证，耐磨功能、颜色补偿、防眩功能、低反射功能……一项项技术的革新，正为显示屏越来越强大和完善奠定坚实的基础。从2021年开始，三德信进入企业发展的第四次升级：从"光电显示材料先进制造商"向"光学薄膜综合解决方案服务商"转型提升，为客户提供一体化解决方案。

在光学显示领域，由于终端应用企业为高端技术企业，因而对上游供应商的审核认证时间长、要求格外严格，形成极高的进入门槛，但反过来，一旦成为这些终端应用企业的供应商，则将为光学显示材料企业提供良好的客户壁垒，有利于企业不断发展壮大。截止目前，三德信的直接客户已经涉及智能手机、平板电脑、笔记本电脑显示屏出货量全球第一的京东方，国内顶级液晶面板供应商天马，世界著名TFT-LCD显示器供应商友达光电集团等，间接客户涵盖微软、iphone、华为、摩托罗拉、联想、小米、三星、OPPO、VIVO……

企业自我管理之法
解决方案、时间和服务

成立16年，三德信一直致力于研发创新与技术迭代，在光学薄膜柔性材料领域处于国内领先地位，目前拥有拥有专利21项，另有15项专利实审中，收集保存实验与制备数据8000万条以上，已累计完成5亿多件次柔性光学薄膜产品的销售，2020年主营产品营业收入近4亿元，三德信已经成长为国内领先企业。说起企业的发展，吴雪和感慨万千，其认为最难的，不是技术，而是管理。

吴雪和于1970年出生，在三德信会议室见到他时，抖擞的精神迅速给人以感染力。"奋斗、激情、澎湃"是吴雪和为企业发展谋定的精神动力，也是三德信绩效考核的基础，吴雪和说："我文化水平不高，什么都没有，走到今天靠的就是'挖土'精神。"他相信去努力、去奋斗，不怕苦、能吃苦，无论是企业还是个人都将有收获。不过，除了吴雪和活力四射的脸庞，让人不得不注意到的，是他一头花白的头发。吴雪和解释说："最初的时候，我每天晚上就想放录像一样回想今天发生的问题，比如碰到员工离职怎么办，比如，需要什么人才找不到怎么办，跟客户沟通怎么办……头发也是这样白的。"

经过摸索，吴雪和最终建立了自己的企业管理模式。首先，需

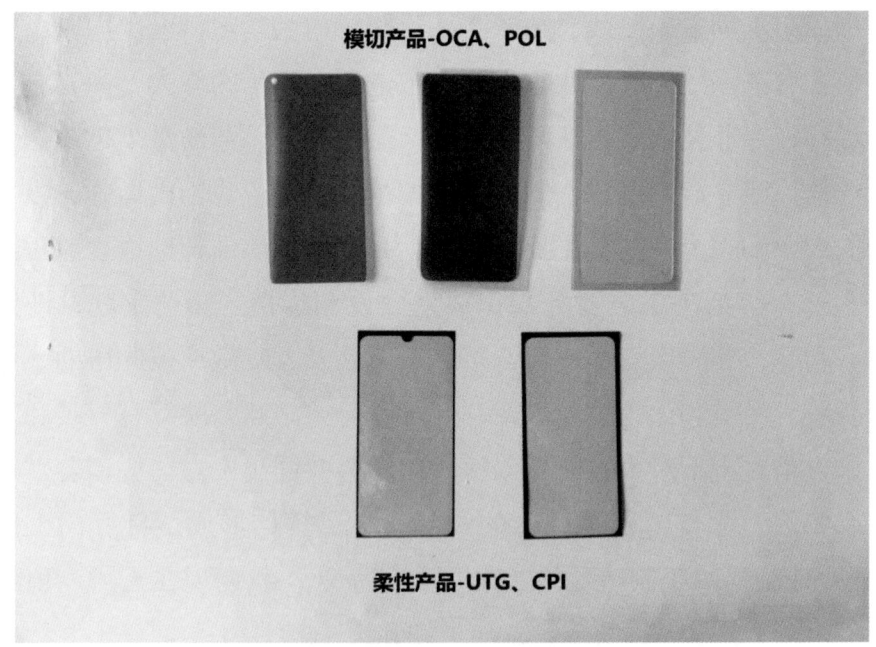

公司光学薄膜产品

要摸清楚客户的需求。对于三德信来说，客户分为外部客户与内部客户，外部客户是企业产品的用户，而内部客户则是企业的员工。当需求有了之后，三德信需从"解决方案、时间和服务"三个维度来积极响应：解决方案是遇到问题必须给出相应的处理方案；时间上必须及时完成处理，不拖延；服务要做到企业对外服务外部客户，内部部门之间相互服务到位。

在三德信的企业文化中，"军队、家庭、学校"被誉为三德信的精神理念。所谓军队，即要有纪律、有规章制度，全体员工需要严格执行。所谓学校，即是指每一位员工既是学生，也是老师，相互学习，共同进步。从员工进入三德信开始，三德信的培训学习也就开始了：新人培训、专业培训、全面思维的内部轮岗培训、职业培训……不同发展阶段，员工将获得相对应的学习机会。同时，三德信拥有浓厚的导师文化——每一位进入三德信的新人，都有有一位导师在专业技能和生活两方面进行贴身指导，帮助员工迅速融入三德信，建立起归属感。同时，三德信鼓励员工成为内训师，以自己的专业知识为其他员工提供帮助，并通过"内训师选拔之课程开发大赛"等活动推进业务知识体系建设和传播。所谓家庭，即温暖、和睦，充满亲情、友情，每个员工互爱、互敬、彼此协助、共同发展。吴雪和认为，如果在一起的是兄弟姐妹，就算有分歧和矛盾，也是对事不对人，能够以解决问题为共同出发点。凭借着"军队、家庭、学校"精神理念的打造，在三德信形成了良好向上的和谐氛围，"对于制造业为主的创业型企业，我们现在人均产值约130万，优于很多软件企业。"吴雪和说。

专心、恒心，铁心
成为受尊重的领导者

随着2019年柔性折叠屏手机元年的开启，折叠屏手机将成为高端市场主流，据行业预计，未来的2~3年，折叠屏的市场需求将逐渐提升至每年1.5亿部，另外，大尺寸可绕屏幕（TV、台式电脑、视频会议等）技术也有望在未来实现量产。三德信提供的光学级折叠可绕薄膜材料，凭借其良好的高强度、高刚性、耐高温、电绝缘性等性能，同时相比传统PI薄膜具备更好的无损弯折性能，可完全满足20万次折弯不损伤的行业要求，将被广泛应用于柔性折叠可绕盖板/背板等。2020年，三德信于同翔高新技术产业基地取得工业用地，三德信光学产业园正在筹划建设中，其总建筑面积达 72600 平方米，包含 M1 厂房 1、M2 厂房 2、R1 办公楼、A1 宿舍等部分，建成之后将极大提升三德信的产能，为三德信占领更多的市场提供硬件奠定基础。

同时，企业发展技术永远先行，三德信已经启动省级"新型重点研发机构"筹建工作，通过持续的科研资金与科研力量的投入，启动高等科研院校深入产学研合作，共同进行科研项目的迭代和深挖，同时定向培养高精专的科研人才，三德信希望做大做强"光学薄膜产业"项目建设，形成"光学薄膜产业"及研发基地，改写厦门乃至光学薄膜发展历史；与此同时，三德信希望形成骨干产业，并引发一批配套企业跟进，形成产业集聚效应，税收贡献显著提升，经济收入比率增长大，为社会提供更多的就业岗位。吴雪和表示："三德信将用专心、恒心，铁心把光学薄膜做好。"

2021 年 5 月 9 日，火炬广场呈现出一派热烈氛围——厦门国家火炬高新区建设 30 年暨高质量发展再动员大会召开，新老火炬人齐聚一堂，忆征程，话发展。大会表彰了一批突出的贡献企业和企业家，吴雪和获评"厦门国家火炬高新区建设 30 周年突出贡献个人"。吴雪和内心多少有些激动，激动的原因并不是获奖，而是十几年来，脚踏实地努力做一件事，一件对国家对民族有利的事情。与发达国家相比，中国新材料依然处于"卡脖子"的困境之中，高端新材料被国际大企业垄断，随着中美贸易围绕战略性新兴产业的摩擦加剧，新材料领域必然成为掌控国际话语权，甚至是影响国家制造安全的核心领域之一，新材料发展被多地列入"十四五"发展规划中，光学显示材料是其中的要点之一。三德信的技术创新打破了外国企业对高端光学显示材料产业链的垄断，为高端光学显示材料实现国产化、性能超越国外龙头企业开辟了新的路径，"我觉得拿到这个奖没有什么自豪的,自豪的一点是在为国家制造业做贡献。"吴雪和说。

对于企业的终极目标,吴雪和用一句话概括"企业永远不要做制造的奴隶,要去做制造的皇帝","我们一定要创新,要去革命性的创新,引领一个行业的发展"。在未来,三德信希望成为光电显示领域优秀的制造商,更致力于成为这个领域受尊重的领导者。

第十七篇　三德信：不做制造的奴隶　要做制造的皇帝

吴雪和
厦门三德信科技股份有限公司董事长

中国制造在一步步发展的路上，首先还是要靠创新突破核心技术，抢占技术的制高点，获得技术的话语权。除此以外，我认为质量是中国制造的硬实力，不断创新的技术与用户体验是我们最重要的软实力。

——吴雪和

第四部分
食品医药

- 第十八篇　璞真食品：中餐标准化里的味道与情怀
- 第十九篇　中鲨集团：从国民品牌到国货之光

第十八篇
璞真食品：中餐标准化里的味道与情怀

骆 丹

《汉书》有云："王者以民为天，而民以食为天。"中华上下五千年，培育了博大精深、源远流长的饮食文化。但纵观全世界，肯德基、麦当劳等西式餐饮品牌遍布全球，却没有一个中餐品牌能在全球范围内大规模发展。

中餐品牌能够走出国门，走向全世界吗？厦门璞真食品有限公司（以下简称"璞真食品"）正在复合调味料这个赛道发力，致力于促进"中餐标准化"，希望在中华传统美食文化的基础上，通过工业化生产、规范化操作，助力餐饮品牌做大做强……

从超市到社会餐饮
风口上的复合调味料

当你走进超市熟食区，食品散发出的香味挑逗着你的嗅觉感应器，激起味蕾的兴奋反应。2000年，璞真食品成立之初，其主要业务是针对商超研发生产腌制调味料：超市工作人员将整鸡等食品用璞真食品研发生产的腌制料进行腌制，放入烤箱，随温度变化，香气逐渐四处弥散，吸引一波又一波的顾客……那时，璞真总经理潘世朝时常会到超市去考察，以摸清对标市场的真实发展情况，逐渐注意到一个细节的变化——超市供应链条中出现了腌制好的整鸡产品。对超市而言，这种腌制型整鸡不仅节约超市厨师的时间，而且质量稳定。他立刻意识到这种更节约化更高效的产品必然会替代璞真食品的相关市场，而璞真食品必须开拓新"战场"。

2003年，璞真食品将目光由超市转向了社会餐饮，进入复合调味料行业，所谓复合调味料，即经过科学配比，将各种基础调味品按照一定比例进行调配制作，其口感、风味复杂，能满足人们不同的味蕾需求。在当时，璞真食品将主赛道锁定在了"西式快餐"。

对于中国餐饮行业来说，1987年是一个值得纪念的年份，那一年的4月，肯德基在北京前门开了中国大陆的第一家分店，这也是中国大陆第一家西式快餐店；3年后，中国大陆第一家麦当劳餐厅在深圳解放路光华楼开业……至此以后，一套餐饮行业的经营新模式——标准化食品搭配与生产流程进入中国，并迅速发展壮大，截至2000年年底，肯德基在中国大陆餐厅数量超过400家，麦当劳超过340家。而与此同时，一家本土的西式快餐也在热潮中开始了谋篇布局：2001年，华氏兄弟在福州师范大学门口创建了第一家——华莱士，凭借平价策略，迅速站稳脚跟并稳步发展……璞真跟华莱士第一家门店就有合作，在今天来看，璞真负责人的市场嗅觉是敏锐的，伴随着西式快餐在中国的迅速发展，璞真食品也迎来了第一波快速发展的浪潮。在2003年，璞真食品的营业额就实现了从前一年的60多万增长为699万元。截至目前，璞真食品凭借

公司外景图

着自身过硬的产品风味和研发实力,成为华莱士、正新鸡排等国内头部西式餐快的核心调味料供应商。目前,在市面上炸鸡汉堡店所能吃到的蜜汁扒鸡,百分之七八十都是用璞真的产品做出来的。

不过,一方水土养育一方人,几千年时光养育的"中国胃"对西式快餐的接受程度必然有限:中式餐饮占中国整体餐饮服务市场的 80.5%,而从快餐细分领域来说,根据 Forst Sullivan 前瞻研究院的数据,2019 年西式快餐仅占中国快餐市场规模的 25.5%,中式快餐则占据了约 70.7% 的市场份额。其实,早在 2010 年,璞真食品就意识到这个问题,开始研究中式餐饮市场。在当时,连锁经营已经成为中国餐饮行业发展的风向标，但由于地域口味差异、工艺复杂难以量化等难题，即便中式餐饮市场规模宏大，中餐企业很难实现大规模连锁化经营，市场集中程度低。

为此，璞真食品总经理潘世朝率先提出"中餐标准化"的概念，即采用工业化、智能化生产流程，为餐厅量身定制适合他们的美味又稳定的产品，实现味道标准化，与此同时，为餐厅提供标准化作业流程，提高厨师的操作效率，提高餐厅的运作效率，解决中式餐饮企业在连锁化过程中突破区域限制向外扩张的难题。

摸着石头过河
中餐标准化的味道

当没有温度的"标准化、工业化"与烟火味甚浓的"美食"联系在一起时，在普通消费者的脑海里很容易就出现三个词：不好吃、不卫生、不营养。不过，璞真总经理潘世朝认为，这其实是一个刻板印象，餐饮工业化其实是一门与生物工程、烹饪与风味化学、工艺与设备、营养与检测、包装与材料等多学科综合的系统科学，要求极高。璞真食品也成为国内第一家在复合调味品赛道致力于中餐标准化的企业，市场上没有任何可以借鉴的企业，"我们真的是摸着石头过河"。

民以食为天，食以味为先。想要建立"中餐标准化"，璞真食品需要解决的第一个问题是"味道"。在传统中餐企业中，菜品味道的优劣取决于操作者水平，中餐品牌的"核心味道"难以规模化复制——"味道标准化"成为中餐连锁化经营需要突破的主要技术瓶颈。在璞真食品的厦门总部，有一个面积近1000平方米的技术研发中心，整个技术研发中心分为三大模块：产品研发、应用研发与共享研发。站在长长的过道上，透过贯穿大半面墙的玻璃，可以看见身穿白色大褂的研究人员正在操作台上忙碌着——这里就是产品研发中心：产品研发中心包括中餐研发工作室、西餐研发工作室、调理制品研发工作室、食品专业品评室等，可以实现复合调味酱从开发、评测、质量稳定性的系统研究。

复合调味酱的味道最大难题是还原度，即使用标准化调味酱料做出的菜品能够达到最本真的味道，如使用金汤酸辣酱做出来的金汤酸辣柠檬鱼要与厨师使用原材料做出来的口味相同。研究人员既要考虑调味酱的独特风味，又要讲究色、香、味协调，且原料成本符合要求，经过无数次试验，才能最终确定还原度最佳的配方。在传统菜肴菜谱中，喜欢用盐少许、味精少许等说法，这种无法定量

公司生产的番茄调味酱

的菜谱很难将同一味道大范围复制，璞真研发的复合调味料解决了味道标准化的问题。而且，就算是同一位厨师做每一道菜，也不能每次都保持同样的口感，而这些标准调味料的使用却可以让每次菜都保持在85分以上的水平。

在普通人的印象里，与其他工业制造品相比，饮食相关的技术似乎难与"高精尖"挂钩，但事实上，璞真食品需要攻克的科技难题有很多：为调味酱能够大规模应用，配方必须适用于工业化大规模生产；生产出来的调味酱必须有长保质期，保障餐饮企业的使用安全；在长保质期的基础上，调味酱做出的菜品不能因为时间推移产生色香味的变化，我们的要求是做出来的菜品现在用，跟1个月后、6个月后用一个样。此外，在保证味道的同时，还需要保证营养性：各种营养成分含量高，富含多种氨基酸，其中包括人体不能自身合成的八种氨基酸，并含有大量的维生素，有些物质还能起到美容、保健等功能。

因此，这要求研究人员掌握丰富的现代生物技术，在此过程中，璞真食品通过研发，拥有多种食品科技专利技术，例如，一种调味料复合鲜味剂及其制备方法，使复合鲜味剂鲜味持久性更强，增鲜持续时间长，增鲜效果回味较好，对璞真的复合调味酱的产品增强鲜味底味有很好的效果。

此外，人的口味千变万化，璞真食品首先会通过市场调研、大数据等手段，了解潮流趋势，研发符合普遍需求的调味酱口味；同时，璞真食品还将针对不同地域的口味特点，深度了解客户需求，为客户提供"一城一味"的定制化产品；再者，璞真食品还必须抓住消费者口味变化，持续创新，快速响应，运用不断丰富的品类，满足市场需求，截止目前，璞真食品的复合调味酱已经覆盖餐饮 20 个大类，5000 多个 SKU，每年开发的调味品产品以百为计量单位，仅去年一年璞真开发的调味品就有 500 多个，产品的运用遍及全国各地餐厅——截止目前，璞真食品拥有 600 余家核心餐饮客户，涵盖海底捞、星巴克、大丰收、华莱士、芝根芝底、乡村基等等品牌。

解决后厨用工成本
网红美食的诞生之路

沿着过道往前走，就到了璞真食品的应用共享研究中心：硕大的落地窗、糖果色的椅子、木质长桌、温暖的灯光、多块多媒体屏幕……温馨的氛围组成了一间别具浪漫主义的餐厅，餐厅旁是一间宽阔的厨房，中西餐的厨房用具应有尽有。在这里，应用研发人员将使用璞真食品的调味料，进行中西餐创意料理、正餐、快餐小吃、面点、烧烤等菜式的全方面应用。璞真董事长徐建跃说，中餐讲究烹饪艺术，讲究食材与味道的搭配，璞真食品不是单独提供复合调味酱，而是提供菜品研发、出品产品控制、出餐流程简化等全方位解决方案的服务商。餐饮企业的工作人员只需要按照璞真食品提供的解决方案进行简单化操作，就能将美味的食品送上餐桌，为餐饮企业解决扩张过程中的另一大难题——后厨用人成本。以前一个餐厅需要有一位资深的大厨，而现在，即便是厨师技校刚毕业的学生通过简单培训，就可以做出与大厨口味相当的菜品。后厨去厨师化，厨师去核心化，一方面为餐饮店解决了聘用大厨的高成本问题；另一方面，也为餐厅规模化发展解决大厨人力资源有限的问题。

活跃在应用研发中心的研究人员大多都是"90后"的年轻人。在当前社会,年轻人已经成为餐饮市场的主力消费群体,根据美团公布的《中国餐饮大数据2020》,"90后"占比超过50%。璞真食品希望通过年轻的应用研发人员,研发更具品味、有具个性、更符合需求的餐饮菜品,帮助客户占领市场。

在应用研发领域,璞真食品还有一个绝对的竞争优势——凭借在中西餐饮多年的深耕,璞真食品可以针对不同地域、不同消费者,打破中西餐界限、打破菜系壁垒,融合创新产品,璞真为广东一个网红餐厅提供过一款酸菜鱼披萨,迅速成为该餐厅的爆款,吸引众多消费者前往打卡。

璞真的共享研发中心,则是对公众开放的,无论是烹饪大师、餐企和高校研发人员都可以进驻,进行技术合作交流,增加中国美食传承的同时,为餐饮企业解决自身研发力量不足、菜品开发周期长等瓶颈问题,增强餐饮企业的创新能力。

自动化生产流程
全方位的食品安全保障

中餐标准化的另一核心要求是:生产流程工业化。在璞真食品的制造中心,现有调理包车间面积近2000平方米,酱粉料车间面积约2400平方米,在生产线的末端,机械手灵活地打开包装袋,自动出料笼头准确无误地将酱料放入包装袋中,经过自动封装,一袋袋调味酱包便顺着墨绿色的传送带进入成品整理区内,等待着前往客户手中。事实上,璞真食品整个生产流程已经全面实现智能化,公司现有12条自动生产线、上百台台(套)生产设备,只要在系统中输入相应的参数，从配料、煮制、熟化、灌装、检测、灭菌到出厂的所有工序一气呵成。

对于璞真食品来说，研发不仅在复合调味料上，同样也创新在生产设备上，并取得多项专利技术：一种调味料生产用全方位搅拌装置，可以代替人工进行搅拌，并且搅拌时搅拌锅可以晃动，使搅拌不出现死角，搅拌更加充分，有利于保证调味料的品质；一种锯骨机全自动送料机，通过多个电动机带动送料装置运动，使得待切割的材料自动输送到锯骨刀下，避免工人直接与切割材料接触，改善工人的工作环境，同时降低工人的劳动量……

凭借着在产品、生产等方面研发上的创新，璞真食品已经获得"福建省科技小巨人领军企业""厦门市专精特新中小企业"等荣誉

公司生产车间

称号。截止目前,璞真食品的复合增香型酱料日产量最高可达到100吨。

当产品研发和产品生产都已实现标准化、工业化,餐饮行业还有一个公众最为关心的问题——食品卫生安全。在传统餐饮链条中,从原料种植、采收到加工制作过程中,任何环节出现失误都可能导致食品卫生安全问题的产品,而璞真食品相信,在标准化的背景下建立的全方位质量管理体系,将最大程度保障食品安全。

在原辅料端,璞真食品对供应商的营业执照、生产许可证、原料型式检验报告等材料进行有效性审核;即便是成为璞真食品的供应商,其提供的原料在入库前,需提供批次的出厂报告,璞真食品还需根据此原料的验收标准,对原料进行验收,验收合格后方可入库。在生产过程中,璞真食品进行关键控制点、5S现场管理、生产过程监控、工艺检查指导、半成品检验、每批次产品留样检查等方面进行管控。产品生产制造出来之后,还有一系列的复杂检测过程:包括外观、标签、色泽、状态、气味等的感官检测;涵盖水分、总灰分、盐分、过氧化值、氯化物、酸价等理化检测;根据产品的内控标准,即食类产品还需经过大肠菌群、菌落总数微生物检测;每支产品每年至少送一次第三方检测机构进行型式检验……

从2010年至今,璞真食品"摸着石头过河"摸索出来的"中餐标准化"产业流程已经臻于完善,在此基础上,璞真食品正在打造EPR系统,目前已经成功完成第一阶段,该系统的完成,将意味着供应链标准化、工厂生产标准化、业务管理标准化、产品管理标准化、产品研发安全化均可实现数字化、智能化管理,而"这也会成为第一个针对本行业的系统软件"。且璞真食品是厦门市供应链创新与应用试点企业。这一切正是为璞真食品的下一个宏伟目标——连锁工厂做准备，所谓连锁工厂，不是复制几十家生产制造工厂，而是复制更多"璞真"模式。这也就意味着，每一家连锁工厂，都具有独立的研发定制口味的能力，可实现供产销一体化，在为璞真食品扩大市场占有率的同时，更为中国博大精深的饮食味道提供更多"标准化"的可能。

专业成就美味
让中国美食走出国门

专注于复合调味品领域21年，虽然过程艰辛，但结果总算是值得期待的。截至2019年12月，璞真食品年营业收入超过1.5亿元的规模，近两年资产、净资产、营业收入持续递增。但是，当时间的指针拨入2020年伊始，"阴霾"笼罩璞真食品——一场新冠疫情的暴发让世界按下暂停键，餐饮行业首当其冲，作为餐饮行业背后的服务商，璞真食品从一路高歌猛进的状态直接"清零"。公司董事长徐建跃介绍说："璞真走过了那么多年，发生那么多事情，没有哪一年像2020年这样让人心里完全没底。"

2020年2月底，随着疫情逐步受到控制，部分餐饮企业陆续开始复工，但餐饮企业的首选是消化库存，以至璞真食品的恢复比餐饮行业的复苏还要晚一个步调。不过，挑战中总蕴含着机遇，本次疫情也让璞真食品找到一个新的增长点——互联网平台品牌。在疫情后期，璞真食品首先接到的是自嗨锅、拉面说等互联网轻资产企业的订单。徐建跃说："经历过这次疫情，也让我们有意识地把客户结构做一些优化，保证企业可以长期稳定发展，提升风险对抗能力。"

随着疫情得到控制，经济逐步复苏，璞真食品终于在 2020 年 5 月达到了与 2019 年持平，并从 6 月开始开始有了小幅度增长。对于未来，璞真食品制定明确的"三步走"战略，2021 年是"三步走"的第一步，璞真食品将其称为"聚焦"，针对餐饮食品生态链的各个应用场景进行分析，聚焦核心味型品类、拳头产品与品牌体系，提升璞真在餐饮渠道的影响力，达到 2.5 亿元营收目标。第二步为扩张，构建整体解决方案能力，在这个过程中，璞真食品将聚焦 3~5 个细分市场，打造细分市场系列爆品，并形成体系化的解决方案；同时，全方位进行营销推广，构建全渠道营销体系，做到区域有规模，在 2023 年实现 5 亿元营收目标。举例说："我们希望做到 1 个爆品 1 个亿的级别，4 个系列的爆品的话可以有 4 个亿的营业收入。"而在第三步，则是完善全渠道体系，直控终端系统，形成现有客户与潜在客户的终端数字化运营精细化管理体系，整合产业链资源做大做强，在锁定的餐饮细分赛道成为引领市场的复合调味品领导品牌。在 2025 年——"三步走"战略的完成之年，璞真食品预计将实现 10 亿元营业收入。财务总监高晓玲说："到那个时候，大家再说起璞真的时候，就是一个 IP，而不是一个企业。"

在璞真食品的企业文化中，有两句深刻地烙印在所有员工的心里：璞真食品的 Solgan——专业成就美味，目前，通过技术创新、全方位解决方案的搭建，璞真食品已经在践行。而另一个企业的愿景是成为中华美食传承商。

自党的十八大以来，中国文化软实力多次在中央层面被提及和论述。中国美食作为中国文化软实力重要的组成部分，中国美食走出国门，将成为传播中国文化的、提升中国国际影响力的力量之一。不过，目前全球中餐馆的发展仍然呈现"散、小、弱、难"的局面。璞真董事长徐建跃说:"我们做到现在,还是有情怀的,西餐餐饮品牌能够走向全世界,中餐也一定能够做到。"璞真食品希望通过"中餐标准化"的不断推广,助力中国餐饮品牌在海外规模化发展,向全世界展示中华美食的魅力。

徐建跃
厦门璞真食品有限公司董事长

　　管理是一种实践,其本质不在于知,而在于行;其验证不在于逻辑,而在于成果;其唯一的权威就是成就。

——徐建跃

第十九篇
中鲨集团：从国民品牌到国货之光

骆 ss 丹

当"70后""80后"回忆起童年，大多会有有关鱼肝油的特殊情义。母亲从玻璃瓶中小心翼翼地用勺子舀出乳白色的鱼肝油放入孩子嘴中，抑或是将棕色的胶囊送入嘴中，一咬便有爆浆的快感。在当时，作为高档营养品，鱼肝油是人们防治夜盲、佝偻病等的首选，而厦门鱼肝油厂生产的"星鲨牌"鱼肝油，更是人们耳熟能详的国民品牌。

从1952年成立至今，厦门鱼肝油厂几经转型发展，孕育出了一家特殊的企业——厦门中鲨集团有限公司（以下简称"中鲨集团"），在70年的发展历程中，中鲨集团创造众多中国制造的里程碑：参与制定国家第一个中国饲料添加剂维生素预混合料的行业标准，中国饲用膳食纤维、乳化剂的开创者，多项产品打破国外企业的垄断，实现进口替代……从动物保健品，到宠物食品与用品、人用食品和保健品、医药和投资，中鲨集团五大版块业务正在稳步发展，向着世界顶尖的生物科技公司前进之势葳蕤蓬勃。

从抗美援朝到改革开放
中鲨集团的奋进之路

国人到厦门，必然不会错过沙坡尾，这里是厦门港的缘起之地，错落有致的闽南古厝留刻着老厦门渔民生活的缩影，角落方寸之间承载起厦门发展的厚重历史。在沙坡尾58号，殷红色的一排小楼矗立，这座历史风貌建筑是原厦门鱼肝油厂的老厂房。在小楼前，时常会有一位特殊的、已入耄耋之年的老人——金子玉来散步，他是中鲨集团的顾问，从1954年自上海水产学院毕业进入厦门鱼肝油厂工作开始，他将自己的一身奉献给了中国鱼肝油以及动物保健品领域的研发与生产。

在金子玉进入厦门鱼肝油厂的前两年，抗美援朝战争进入白热化阶段，由于前方驾驶员长时间驾车和夜间行动，对眼睛伤害极大，在那个食物短缺的时代，能够及时补充维生素A的鱼肝油成为了重要的行军补给品，在国家的号召之下，厦门鱼肝油厂应运而生，成了支援前线作战志愿军的有力"健康补给线"。在当时，鱼肝油厂生产设备和技术均来自国外，金子玉是将其使用说明和工艺流程翻译成中文的第一人，为厦门鱼肝油厂无误差、大规模生产做出了贡献。随着战争的结束，厦门鱼肝油厂的产品从"军需品"进入普通人的生活，以"星鲨"之名享誉全国，并成了当时厦门的经济标杆。

当时间到了1975年，农村养殖开始逐渐复苏，但家禽家畜由于缺乏维生素长势并不好，便有人将鱼肝油混入饲料中，以期为禽畜加强营养。然而，人用鱼肝油在当时作为高档营养品，价格高企，这种方式难以普遍推广。时任厦门鱼肝油厂综合车间主任的金子玉提出设想,是否能研发一款专门针对禽畜的鱼肝油,让价廉质高的产品解决寻常百姓家的禽畜喂养难题。经过对原料配比和技术工艺的改进,一条动物用鱼肝油生产线在厦门鱼肝油厂顺利投产,厦门鱼肝油厂开始涉足动物保健品领域。

1992年,邓小平先后赴武昌、深圳、珠海和上海视察,发表了著名的南方谈话,释放的关于改革开放"解放思想、实事求是"的思想信号,让无数现代化建设者振奋不已。这一年,厦门鱼肝油厂迎来自己40周岁的生日,在解放思想精神的号召下,厦门鱼肝油厂开启了自己又一阶段的发展之路:参与制定中国饲料添加剂维生素预混料的行业标准,成立厦门星鲨实业总公司,成立厦门星鲨动物保健品厂(以下简称"星鲨动保厂")。也是在这一年,现任中鲨集团董事长的郭伟,从仰恩大学动物科学系毕业,进入厦门鱼肝油厂工作。在动保车间工作3个月后,郭伟进入厦门鱼肝油厂新成立不久的星鲨实业总公司的进出口部,参与进出口业务工作,开始全面深入了解国内外医药、饲料和化工等相关领域情况。1997年,由于受到厦门远华特大走私案的影响,厦门整体进出口贸易受到影响,郭伟不得不离开了星鲨实业总公司,随后进入厦门金达威公司,成为金达威公司第一任销售总经理,带领着这家企业迅速成为国内维生素A和D3的最主要供应商。

2002年,随着自身经验、资源的成熟,郭伟开启了自己的创业之路,主要代理罗氏、孟山都、杜邦等跨国企业的饲料添加剂产品,并迅速发展成为厦门饲料添加剂贸易行业中的中坚力量。但就在贸易代理之路如日中天时,郭伟做了一个当时旁人不太能理解的事情——开办工厂,自己做研发。郭伟说:"(做这个决定)是有情怀的,中国要发展也必须要走这条路,不然永远被老外掐着脖子。"通过对研发的巨量投入，工厂取得喜人的成就：2008年，国内首创复合型饲料乳化剂，成功替代进口乳化剂产品；2014年，开创中国饲用膳食纤维先河，填补了中国饲料行业饲用动物膳食纤维产品的空白……

就在郭伟带领着自己的企业在中国饲料行业飞奔猛进的时候，星鲨动保厂也在展开自己的发展之路：2004年，厦门星鲨药业集团有限公司（以下简称"星鲨药业"）成立；2011年，星鲨药业重组为"国控星鲨"……2015年，由于战略转型的需要，星鲨药业旗下的星鲨动保厂改制重组，在获知星鲨动保厂挂牌出售的信息后，郭伟心头一热，对于老东家，郭伟怀有特殊的感情，"对它知根知底，而且基础平台这么好，这当然是个好机会。"郭伟说。于是，2015年3月，郭伟牵头以圣业（投资）有限公司（中鲨集团前身）的名义成功在产权交易中心拍得星鲨动保厂，改制重组为中鲨动物保健品（厦门）有限公司（以下简称"中鲨动保"）。

公司厂房外景图

这次的重组，是一次强强联合的"联姻"，至此，中鲨动保的产品涵盖了鱼肝油/鱼油产品系列、复合维生素产品系列、饲料乳化剂产品系列、膳食纤维产品系列等版块，业务领域覆盖全国饲料行业和畜牧、水产养殖等产业，牢牢占据该行业的领先地位。

以研发为根基
成为行业技术引领者

总结中鲨集团 70 年的历程，郭伟一次次提到"研发"，他认为，中鲨集团之所以能够在市场中脱颖而出，其根基之一在于对研发的重视。从中国最早的饲用鱼肝油生产者，到首创复合型饲料乳化剂、国内第一家动物膳食纤维制造商……每一款革新性产品推出，都为中鲨动保占领市场打下了坚实的基础。而指挥研发方向的策略，中鲨动保则立起了两个风向标：客户的实际需求和行业产业政策的指导。

"最初研发生产饲用鱼肝油，就是因为客户有需求，为客户解决问题，这一点从没有变过。"郭伟介绍道，为此，中鲨集团一方面组建了以技术团队、服务团队、销售团队为一体的市场"把脉"团队，时刻洞悉客户在养殖过程中遇到的难题，并将普遍性问题列入科研课题，通过自主研发、与高校合作等方式，为客户提供成套解决方案，解决客户的需求与痛点。

另一方面，中鲨集团的研发则紧跟国家政策的调整。2019 年 7 月，农业农村部发布《中华人民共和国农业农村部公告第 194 号）》，公告规定自 2020 年 7 月 1 日起，饲料生产企业停止生产含有促生长类药物饲料添加剂（中药类除外）的商品饲料，这也就意味着至此时起饲料将全面禁止添加抗生素。20世纪50年代，美国国家食品与药物管理局（FDA）首次批准抗生素用作饲料添加剂，随后饲用抗生素在全球范围内广泛运用。抗生素的使用拥有抑制环境中的抗生长因子产生的亚临床症状，促进动物生长，同时能够减轻肠道微生物生长与活性，提高动物抵抗力等功效，极大地促进养殖业的发展。然而，抗生素的滥用，也导致了细菌耐药性增加、动物体内菌群失调和内源性感染，甚至通过畜产品、水、土壤的传播，直接危害人类健康。事实上，早在2018年，中鲨集团就已经注意到这个问题，如何发展绿色抗生素替代品成为中鲨集团的科研重点。在此前，欧洲相关国家在饲用抗生素替代品的研究上一直处于领先地位，其通过从栗木中提取出单宁酸作为饲料添加剂运用于饲料中，获得良好的效果。中鲨集团的科研人员则希望有更适合中国国情的单宁酸能够运用于饲料中，通过查阅大量文献，对原料进行试验，中鲨集团最终成功从中药五倍子中提炼出可应用于动物饲料的单宁酸，其具有的收敛、抑菌、止泻等作用，为养殖业走绿色环保、经济高效之路提供了新可能。此外，中鲨集团还在贵州建立五倍子种植基地，实现了种植、生产一体化运作，保障了产品的高品质性。

绿色发展，是国家新时期的战略目标与方向，这与中鲨集团的使命"为人类创造安全食品和绿色生态环境"异曲同工。郭伟举例说，在饲料相关产品中，多维与多矿为其中最大的两个版块，有机微量矿物质元素虽然在饲料中添加比例不高，但对动物的生长、代谢、免疫和繁殖起着重要影响作用。不过，在目前的工艺中，生产有机微量元素产生的污水对周围环境将产生重大污染。为此，早在2016年，中鲨集团就已经开始探索是否可以在无污染的情况下生产出有机微量矿物质添加剂,经过多年攻坚,无污染复合多矿添加剂生产工艺"横空出世",在满足禽畜有机微量元素需求的同时,也将为生态环境健康做出巨大贡献。郭伟说:"这个技术我们首创,在复合多矿生产领域绝对是最先进的。"该产品2021年8月投入生产,郭伟说:"得益于其环保性和高质量,在未来三年,该产品将为中鲨集团创造不低于1亿元的营业收入。"

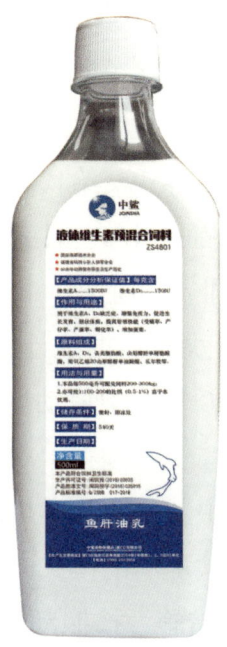

鱼肝油

生意不是"买卖"
为客户创造价值

管理学之父彼得·德鲁克曾说:"企业最重要的功能是创新和市场营销。"不断的研发创新让中鲨集团在细分领域一直占据技术优势，而具有中鲨特色的营销策略则为中鲨集团在新发展阶段迅速扩大市场提供了保障。

2015年，中鲨集团收购星鲨动保并升级为"中鲨"后，公司迅速制定了"三条方向、两个渠道"的营销战略。中鲨动保总经理蓝豪杰介绍说，所谓三个方向：一是老客户的深度挖掘；二是开发新产品，走现有的销售网络和渠道；三是针对新市场和新渠道进行重点开发。而在营销渠道的构建上，中鲨动保则采用"两条腿走路"：国内大企业集团以直销方式进行服务，中小客户则通过代理商模式直达终端。蓝豪杰说："大集团讲究企业对等性，通过直销可以减少中间环节，而中小客户交给代理商去做，则可充分利用本地经营的优势。"截至目前，中鲨动保销售区域已覆盖全国近30个省市，客户涉及众多行业头部企业。得益于该营销策略的有效实施，中鲨动保营业额增长快速。据统计，2015年，中鲨动保营业额约5000万元，截至2020年，中鲨动保的营业额已达2.15亿元，年均增长约30%。

不过，蓝豪杰强调，中鲨集团与客户的合作之道并不是"买与卖"的关系，而是"合作共赢"的模式。对于经销商，中鲨集团形成了具有中鲨特色的营销措施：按照动保推广会模式的标准流程，在养殖集中区通过上店牌、短信群发、推广会等方式造出声势，解决业务人员拜访效率低、效果不明显、品牌理念植入少等问题，并进行驻店专销业务人员薪资和培训支持，技术服务支持，管理增值服务支持，广告支持，品牌与质量支持等，使代理商对市场有长久的经营和掌控能力。而对终端客户，中鲨集团则秉持着"战略合作"的原则，要求职工深入养殖一线，给予客户在经济效益、养殖技术等多方面的帮扶与指导。蓝豪杰介绍举例说，在饲料行业，有些东西价格波动较大，中鲨将细致为客户进行采购节点把控，帮助客户降低采购成本精力、时间的投入。"不少客户跟我说，和中鲨合作，这个东西交给你很放心，这让我们也很感动。"

想要造就有世界影响力的品牌，"走出去"是企业必经之路。2017 年，中鲨集团开始布局海外市场，开拓国际业务。2018 年 3 月，中鲨动保参加中东迪拜国际畜牧展览，布局中东市场；2018 年 12 月，中鲨动保亮相南亚最大的国际性畜牧家禽展览"印度海德拉巴国际畜牧及家禽业展览会"，饱受市场好评；2019 年 1 月，中鲨动保通过欧洲饲料添加剂和预混合饲料质量体系（FAMI-QS）认证，开始迈向欧洲市场……然而，随着 2020 年新冠疫情的突然袭击，中鲨动保迈向国际市场的步伐被打乱，但郭伟对此仍然保持着乐观的心态，"中鲨产品的质量有保证，等疫情平稳之后，中鲨将继续保持在国际市场的开拓，我们希望未来在国际市场打造一个跟国内一样的市场体量来"。

国货之光
打造行业的"航空母舰"

2020 年，中国全面建成小康社会，实现了第一个百年奋斗目标，在中国从站起来、富起来再到强起来的伟大巨变中，民族自信不断提升，而国货的流行则深刻体现着文化自信的回归。2019 年，中鲨集团旗下的中鲨宠物科技（厦门）有限公司（以下简称"中鲨宠物"）诞生，一经成立，便成为宠物主粮、宠物保健品、营养保健型零食领域的"新宠"，经销商毫不吝啬地赠予中鲨宠物"国货之光"的爱称。在宠物食品行业，根据《2019 中国宠物行业白皮书》显示，国外宠物食品品牌占据我国宠物主粮市场一半以上份额，而中鲨宠物的目标是替代进口，成为中国宠物食品领域的头部企业。郭伟说："拥有我们这样的历史和技术传承的，在国内品牌中凤毛麟角，我们对这个目标充满信心。"

此外，中鲨宠物还拥有其他品牌无可比拟的优势——产业链长。在福建省南平市浦城县，一座新型饲料蛋白质原料和宠物食品添加剂生产基地矗然而立，这是中鲨集团于2018年投资兴建的中圣生物科技（浦城）有限公司的厂址，在这里除了水产功能性原料、复配特种水产诱食料加工及销售外，还将负责宠物饲料原料的生产，而这仅仅是中鲨宠物整个产业链中的一环。中鲨集团副总裁兼中鲨宠物总经理吴建耀介绍说，中鲨宠物实现了鸡肉粉、鸡油、鸡肝粉等宠物原料的自产自供，以及维生素、微量元素、膳食纤维及部分宠物食品添加剂完全自主生产，最大限度保证中鲨产品的品质和稳定性。郭伟无不自豪地说："很多国内品牌都还需要找我们买原料，我们的产品是百分之百的原创，因此，我们拥有很大的前端优势。"而中鲨宠物现在在做的，是从销售端发力，将纯国货品牌打入市场，赢得消费者青睐。"国产品牌迟早会替代进口，无非是用多长时间的问题，现在整个集团投入很大的精力和资金去抢时间，我相信，未来三到五年，我们可以站到头部。"

2020年，中鲨集团的战略布局"再开一城"——中鲨食品公司成立，开发了京豚食品等多个子品牌，这次，中鲨集团回归至厦门鱼肝油厂创立的初衷，以"爱眼营养"为核心，推出全方位爱眼产品，期望再为国人的视力健康提供保障。郭伟说："我们就是把我们的历史延伸下去，现在前期工作已经做好了。"至此，中鲨集团形成了涵盖动物保健品、宠物食品与用品、人用食品和保健品、医药和投资的五大战略板块，郭伟曾将中鲨集团比喻成"航空母舰"，他希望立足于生物科技行业，不断朝着多元化、国际化发展"扬帆起航"。

软文化与硬实力
奋力实现"中鲨梦"

2019年11月，在中鲨书社的读书会，郭伟身着黑色T恤衫，站在投影仪前，与书社的成员们一起分享"因果智慧"，他以《了凡四训》中的故事为开场，和大家分享中国传统文化的因果哲学。10多年来，郭伟一直热心于中国传统文化的研究，而这也成为中鲨集团企业文化的精神来源。

在2015年，星鲨动保升级重组为中鲨集团时，一整套的企业文化体系逐步形成，而其核心则以"利他"为基石，竭力创造"客户价值、员工价值、社会价值、股东价值"。在股东端，股东达成共识，第一是为客户，第二为员工，第三为社会，而股东利益则列于最后。在管理层端，则通过培训、宣讲贯彻会等形式，强化企业文化内涵，企业要为客户提供优质的产品与服务、为员工提供物质与精神的双重幸福，最终回报社会。而在员工端，中鲨集团则将企业文化细化为员工的基本行为准则，贯穿于企业制度中，并通过中鲨书社、诗文大赛、志工团队等形式，对员工的日常生活产生潜移默化的影响。相比于同行业，中鲨集团给予的薪资待遇位列前25%，吸引了不少人才前来，但在招聘考核中，中鲨集团将个人品质放到了首位，郭伟说："我们需要有共同理想、共同价值观的人，这也是我们企业文化的要求。"

公司研发中心

2012年，习近平总书记正式提出"中国梦"的伟大构想，而在中鲨集团的员工心中都有一个"中鲨梦"——成为世界顶尖的生物科技公司，这个"中鲨梦"被认为是中鲨集团为实现"中国梦"所尽的绵薄之力，郭伟说："因为抗美援朝才有这家企业的，这是我们的来源，我们不能忘本，所以爱国是第一位的。"而成为世界顶尖的生物科技公司，则是实现从"从中国生产到中国制造，再到中国创造"转变的有效途径，中鲨集团希望借此增加中国企业在国际上的话语权。

2019年，厦门市商务局公布了首批"厦门老字号"品牌，中鲨位列其中，郭伟说："如今，金子玉老先生还是我们的顾问，近70年的文化积淀和技术传承，为中鲨集团的发展创造了无可比拟的优势。"2020年，毗邻厦蓉高速厦门西入口数百米处的中鲨产业园正式建成，占地近 20 亩，投资超过 1 亿元，厂区配备了多条全自动化生产线，项目投产后，预计 5 年产值可达 6 亿元，这将为中鲨集团满足国内市场，以及大规模出口国外市场奠定坚实的基础。软文化与硬实力兼具，对于未来，中鲨集团的目标非常明确，中鲨动保的营业额将在三年内再翻一番，中鲨宠物将在五年内成为头部企业，而在人用食品和保健品领域，中鲨集团将持续发力……待到企业百年时，郭伟希望实现"中鲨梦"。郭伟说："我们要思考一个问题，生命的价值在哪里？不是为自己就够了，还要为这个行业做贡献，为食品健康做贡献，为社会做贡献，为代表中国走向世界而奋斗。"

郭伟
厦门中鲨集团有限公司董事长

"有德此有人，有人此有土，
有土此有财，有财才有用。"

——《礼记·大学》

第五部分

工业软件

- ◆ 第二十篇　卡伦特：突破工业软件的"卡脖子"困境
- ◆ 第二十一篇　麦克玛视：智慧之眼

第二十篇
卡伦特：突破工业软件的"卡脖子"困境

李莎莎

没有核心技术，就得不到别人的尊重。从无到有，从发展薄弱到世界先进，改革开放以来，中国制造业发展取得了巨大的成就。不过，中国制造业要由"大"到"强"，由"制"到"智"，就必须解决核心技术受制于人的"卡脖子"问题。从 2018 年美国对中兴进行"封杀"——在未来 7 年内禁止中兴通讯向美国企业购买敏感产品，到 2020 年美国对华为开始实施全面"断供"，"缺芯"带来的阵痛一次又一次刺激人们的神经，但很多人可能没有注意到的是，另外一项技术——工业软件的封锁对中国制造业来说，同样是"一剑封喉"。

工欲善其事，必先利其器。工业软件是指工业领域里应用的软件，被誉为工业制造的"神经与大脑"，为我国"卡脖子"的 35 项关键技术之一。工业软件具体可分为研发设计类、信息管理类、生产控制类及嵌入式软件，而其中以 CAD 为代表的研发设计类又被称为"工业软件中的重中之重"，小到一个零部件的创新研发，大到芯片、发动机、航空航天的发展，少了研发设计类工软件可谓寸步难行。

在厦门集美区软件园，有一个年轻而充满活力的团队——厦门卡伦特科技有限公司（以下简称"卡伦特"）正在CAD工业设计软件领域奋力拼搏，有望以"云端"为切入点，在这个领域实现"弯道超车"，打破国外垄断，突破我国工业软件"卡脖子"的困境。

弯道超车
在线CAD横空出世

CAD，全称Computer Aided Design（计算机辅助设计），其历史可追溯到1957年，"CAD之父"帕特里克·汉拉蒂博士开发PRONTO，这是第一个商用数控编程工具。到了1971年，帕特里克·汉拉蒂再造创新之举，用Fortran语言编写了交互式图形设计ADAM（Automated Drafting and Machinery），可以说，当今社会80%的CAD程序都源于此。不过，CAD系统真正的黄金发展期还得等到10年后：1981年，在浪漫的法国，达索（Dassault Systemes）向市场成功推出CATIA——计算机辅助三维交互式应用；次年，在大西洋的彼岸，美国的欧特克（Autodesk）紧随其后，开发出AutoCAD，这是第一个用于个人计算机的CAD软件，虽然那时的AutoCAD没有菜单功能，需要使用者背诵大量的执行命令，但依然具有"划时代"的意义——让CAD从使用大型或微型计算机的计算机专业人士走入了普通大众；1985年，美国再次迎来一个CAD里程碑式公司——PTC成立，并于1987年推出基于Unix的商业产品Pro/ENGINEER。1993年，麻省理工学院的毕业生成立SolidWorks公司（于1997年被达索收购），在1995年推出 SolidWorks 95，可用于 Windows 运行；也是在这一年，鹰图（Intergraph）公司（经过多次辗转，最终于 2007 年被西门子收购）开发 Solid Edge，借助于 Windows 的功能提供实体建模、装配建模和二维正交视图……至此，CAD 市场的四大巨头企业悉数亮相，统治着全球绝大部分的市场，以中国为例，达索、西门子、PTC 以及欧特克在中国市场占有率达 90% 以上。可以想象，如果这些垄断企业对中国实行禁售，将对中国整个制造业产生无可估量的不利影响——CAD 国产化势在必行。卡伦特总经理杨传耀说："国外龙头企业比中国早几十年研究，中国想要追赶必然将付出更多的精力和时间。"不过，杨传耀补充道："但现在，其实我们有一个机会弯道超车。"

每一次平台的转变，都可能孕育一个现象级的公司：欧特克抓住了大型或微型计算机向个人计算机的转变，SolidWorks 实现了从 DOS 到 Windows 平台的蜕变……而现在，CAD 行业新的机遇方向已经出现——从桌面向云端转变。

随着"工业 4.0"时代的到来，万物互联引领着"云端革命"。2006 年，谷歌前 CEO 埃里克·施密特在搜索引擎大会（SES San Jose 2006）上第一次提出"云计算"概念，而直到 2010 年，基于云的 CAD 才被 SolidWorks 首次提到，而又过了几年，这个概念才被真正用于商用：2015 年，被认为是业内第一个提供基于 SaaS 的 CAD 服务的公司 Onshape 开放平台公测；2019 年，达索发布基于 Web 的三维设计应用 CATIA xDesign……杨传耀说："对于基于云构建的 CAD，国内外几乎处于同一起跑线，这是实现弯道超车的一个很好机遇。"

据介绍，卡伦特是国内第一家在线 CAD 企业，推出了具有完全自主知识产权的 CurrentCAD，这是一款基于云端的在线 CAD 设计平台，无须下载安装庞大的桌面端软件，接入浏览器即可操作，应用范围涉及机械设计、电气设计、建筑设计等方面。卡伦特解释说，所有需要用图纸表达的的企业都要用 CAD，所有需要 CAD 的地方都能用到 CurrentCAD。

崭露头角
合作伙伴与政策红利双助力

时间回到基于云的 CAD 刚被提出的头几年，这个概念还尚未在业内激起大波澜。在当时，杨传耀已经是欧特克工作近 10 年的老员工，他清楚地知道传统的 CAD 软件绘制的图纸，需要通过邮件或 U 盘拷贝才能进行交流，如果工程巨大，人们之间的沟通非常不方面。他想到一个有趣的现象跟 CAD 面临的不便似乎很类似：

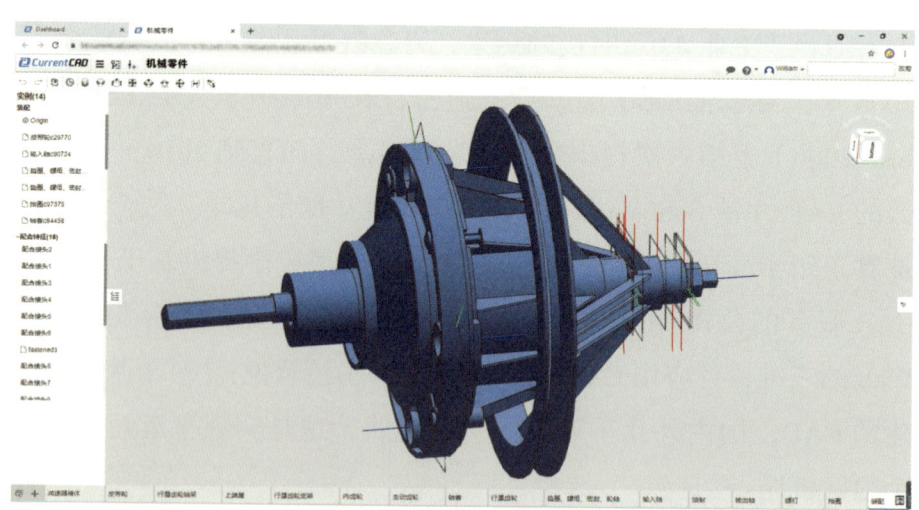

三维 CAD 设计软件绘制图

大家出去旅游拍照片，从笨重的相机到轻便的手机，从依赖 SD 卡拷贝到手机内存不断增大，再到云备份的出现，让照相越来越方便，而技术方向的改变彻底颠覆了用户的使用习惯——他敏锐地意识到，云端化将是未来发展的必然趋势，必将对 CAD 行业带来革命性改变。

想到就做，2014 年，杨传耀与几位伙伴在新加坡成立公司，致力于 CAD 上云的研究。杨传耀说："CAD 不像 APP，可能几个月就可以出一个版本，这种软件规模宏大，开发周期长、投入大，要做很不容易。"不过，经过团队的不懈努力，CurrentCAD 横空出世。

2017 年，杨传耀的团队回到了厦门，成立卡伦特，CurrentCAD 也日臻完善，在国内科技界逐步逐步展露头角：2018 年，卡伦特获得"创客中国"创新创业大赛"互联网＋大数据"全国专题赛 - 漳州赛区"互联网＋"组一等奖，并且，其在线电气 CAD 设计一体化系统项目，在"创客中国"互联网＋大数据创新创业大赛总决赛表现极其亮眼，获得创客组"优秀项目"。也是在那一年，10 月 24 日，被誉为"国内规格最高、规模最大"的双创赛事——第七届中国创新创业大赛互联网行业的总决赛，在镌刻着互联网基因的杭州举行，从全国 37 个省级赛区 31136 个初选项目中走出的 280 家企业相继抵达杭州，力图在这场互联网行业的盛会上征得荣誉，卡伦特就是其中之一。最终，凭借着创新的应用技术，卡伦特脱颖而出，成为福建省唯一进入"初创组优秀企业"的企业，而这也为卡伦特敲开了华为、阿里云等国内互联网巨头企业的大门。

在 2018 年年底，华为开始与卡伦特有了接触，经过华为对于行业地位影响力，质量要求，性能要求等的审批，卡伦特成功成为华为云严选商城中的一员。华为云市场，分为应用市场与严选商城，合作伙伴以标准商务、开放合作的模式加入，而严选商城则经过严苛的品质把关和严格的测试方能进入。杨传耀说："基本上是在某一个品类里面是排前三、前五，才可能进到这里面。"有了华为的认证，众多客户也通过此与卡伦特达成了合作，极大推动了卡伦特在国内市场的应用。鲲鹏展翅，2019 年 7 月，基于鲲鹏处理器，华为云推出鲲鹏云服务和解决方案，开启云上的多元新架构，同时，华为发布"鲲鹏凌云伙伴计划"，卡伦特也被邀请到现场，成为其中的 25 家合作伙伴之一，基于鲲鹏云服务的新算力，卡伦特的在线 CAD 再一步扩展市场。

对于卡伦特的发展，杨传耀对华为等合作伙伴抱着感激之心。同时，杨传耀也表示，卡伦特的发展也得益于"政策"的红利：2018 年工信部印发《推动企业上云实施指南（2018-2020 年）》，"企业上云"上升为国家层面的战略部署，上海、广东、浙江等各省市相继推出企业上云上平台补助政策，全面助力中小企业实现"云端协同发展"。在此背景下，众多碍于经济实力对"上云"持观望态度的中小企业纷纷"上云"，基于云端的在线 CAD 设计平台 CurrentCAD 被更多企业采用。不过，市场是"炼金石"，唯有过硬的品质才能站稳脚跟，杨传耀说："卡伦特的品质在如碧桂园、路达、上海电气集团内等很多大企业和设计机构中得到验证。"福建电力勘测设计院工程师就曾评价说："CurrentCAD 堪称协作软件中的顶级设计。它的方便可靠性和完美的协同功能提高了设计效率，缩短了整个设计周期的时长。"杨传耀说："我可以很自豪地说，我们在这一块在国际上都属于领先的，目前国内也仅有我们一家产品在卖。"

技术服务
成本、效率、安全一个不能少

在市场上获得高度评价,卡伦特的底气到底在哪里?卡伦特所提供的产品,比起说是一个软件平台,杨传耀更愿意将其称为"技术服务"——迥异于传统模式的部署方式和应用模式。从商业模式来说,在目前,CurrentCAD 采用订阅制,按年进行收费,杨传耀解释道:"企业可以按照需求,每年决定是否购买,不像之前的桌面软件,无论使用多久都需要花费巨额资金购买,可以说整个商业模式都在改变。"事实上,CurrentCAD 为企业带来的便利并不止于此。从成本上说,CurrentCAD 对电脑配置要求较低,可以降低企业 IT 设备的购买和维护(机房、服务器、安全设备等)成本;同时,由于卡伦特 CAD 以用户数并发数(同时在线数)计费,这也就意味着,企业无须给每个需要使用的员工购买,可以充分利用员工数使用软件的时间差,节约成本。

不过,让卡伦特更引以为傲的,是对企业效率的提升。在 CurrentCAD 里设置有公司项目模块,可实现项目流程化管理,从项目立案到中间设计以及最后交付,所有数据和沟通信息在平台上均有迹可循。杨传耀举例说:"一个项目流程从设计研发,到生产、评估等一圈下来,比如原本要 10 天,但大家以云端数据为中心,可能三五天就完成了整个流程。"与此同时,CurrentCAD 支持在线协同设计,可实现多人同时对一张图纸进行设计操作,且操作步骤即时同步显示,系统带有即时通讯功能,可直接在系统内完成设计交流、流程审批的工作,缩短沟通时间。另外,针对不同的行业属性,卡伦特还定制开发了多套产品解决方案,供企业灵活搭配使用。

除了成本与效率，CAD 软件还有一个关系重大的问题——安全。对于企业来说，产品设计图纸属于核心竞争力，如果出现数据丢失，将对一个企业产生"致命"影响。为此，卡伦特构建了全面的安全防护体系：在应用端，CurrentCAD 拥有存储/读写加密、导出限制的核心技术；在云端，CurrentCAD 利用华为云多层防护、主机防护、运营隔离保证运营环境安全，并从服务治理、租户隔离、授权独立等模块保证架构设计的安全。

事实上，安全问题还会涉及一个更大的命题——国家经济安全。由于在目前国内市场被国外巨头科技企业所垄断，数据"空心化"，意味着中国企业和研究机构的基础数据、应用数据和核心数面临着流失危险，对产业发展和国家安全造成隐在威胁，以卡伦特为代表的工业软件国产化也必然将肩负起保卫国家数据安全的重任。

共同拼搏
做全球最好的云端 CAD

又一次，杨传耀走入开放办公区，催促员工赶紧下班——总经理催员工下班，这是卡伦特有别于其他互联网公司的独特现象。杨传耀说，和其他互联网应用不太一样，CAD 并不是大家努力一两个月就可以成功，不断完善平台各个模块功能，根据定制开发逐步扩充系统功能是一项极其长期的工作，员工需要充沛的精力和技术赛跑。事实上，拥有一款拥有自主知识产权的 CAD 系统并不容易，一个系统通常覆盖几百万甚至几千万行代码，而代码对于 CAD 软件而言，只是皮肉，其真正的经骨是数学、物理等系统科学——底层计算求解引擎技术才是设计工业软件最核心的关键技术。这不仅要求研发人员拥有丰厚的数学科学支撑，更需要不断专研的吃苦精神——这是一项艰苦而又挑战性极高的工作。由于难度大、培养周期长，目前，中国工业软件人才供给堪忧，尤其是年青一代的软件工程师数量越来越少。

不过，在卡伦特办公室里，聚集了一群朝气蓬勃的年轻人，杨传耀开玩笑说："除了我年纪大，其他人都是'小年轻'，大多是90后的。"而更让杨传耀自豪的是，与"年轻人浮躁"的社会刻板印象不同，这群年轻人激情满满又吃苦耐劳。杨传耀举例说，其中有一个厦门大学毕业的小姑娘，高考数学满分150分，为了解决一个算法问题，自发自觉地看了60多篇国内国外的论文，硬将这个"难啃的骨头"啃下来。"我们整个团队底层做设计的全是这样子的。"杨传耀说。

这样的团队精神是如何培养出来的？首先，卡伦特解决的是团队成员的生活问题——给予员工优于同行业的薪水；而更重要的，是这群人拥有共同的情怀与梦想。在卡伦特人的心中，CurrentCAD是一项工作，更是一项事业。"目前为止我们绝对是国内做最好的，这也激励着大家。"杨传耀说，卡伦特人的身上都有一种使命感，他们相信，卡伦特做出的东西，将改变中国工业设计软件，改变整个工业设计软件的方向。

据 BIS Research 公布的数据显示，全球 CAD 市场规模在 2023 年预计将达到 112.2 亿美元，2028 年有望增至 138.3 亿美元。而目前，中国 CAD 市场仅为全球市场的 5%，到 2028 年，BIS Research 预计中国 CAD 市场份额将达到全球的 12%。随着政策加码支持、巨大的市场空间，卡伦特也将迎来发展的良机，而卡伦特正在朝着长期目标——做成全球最好的云端 CAD 稳步前进。

第二十篇　卡伦特：突破工业软件的"卡脖子"困境

杨传耀
厦门卡伦特科技有限公司董事长

利用数据驱动的方式掌握企业运作情况，合理调配企业资源，通过数字化、智能化、线上化实现企业提质增效降本目标。

——杨传耀

MICROMATCH®

第二十一篇
麦克玛视：智慧之眼

陈良财

"与制造强国相比，目前我国制造业整体上大而不强。大家常说，大而不强在信息技术领域的主要表现是'缺芯少魂'。'芯'是指芯片即硬件，'魂'是指操作系统即软件。但在我看来，不仅'缺芯少魂'，还缺少'智慧之眼'即机器视觉系统……"厦门麦克玛视电子信息技术有限公司（以下简称"麦克玛视"）董事长兼总经理赖明钟正在和来自北京的一个调研团队侃侃而谈。

麦克玛视创建于2013年，是一家致力于机器视觉系统研发的国家高新技术企业。10年来，麦克玛视凭借嵌入式机器视觉检测系统及智能相机等产品，在机器视觉这个领域异军突起，从一个最初的想法、一个小企业发展成为今天的排头兵企业。

异军突起

机器视觉，简单地说就是用机器代替人眼来做测量和判断，被称为智能制造的"灵魂之窗""智慧之眼"。机器视觉是生产过程中数据采集的首选技术之一，是实现工业自动化和智能化的必要手段，相当于人类视觉在机器上的延伸。

"随着工业自动化的不断发展、智能制造时代的来临，企业对工作效率的要求越来越高，传统的人工检测模式已经不能满足生产的需要，作为工业生产设备中的'眼睛'，机器视觉技术的出现很好地代替了人工检测模式。企业对机器视觉的市场需求越来越大，一个千亿级的市场规模正在形成。"赖明钟说。

机器视觉的提出和应用源于西方国家。20世纪50年代，美国学者詹姆斯·吉布森（James J. Gibson）提出"光流"概念，机器视觉就此萌芽。随后，机器视觉的应用在西方国家兴起。目前，全球机器视觉市场规模已达100亿美元以上。据美国市场调查与咨询公司 Markets and Markets 的数据显示，2020年全球机器视觉市场规模为107亿美元，近5年复合增速达14.48%。又据前瞻产业研究院的研究，从区域分布来看，在全球机器视觉市场中，欧洲市场份额最大，占比36.4%；其次是北美地区，占比29.3%；亚太地区近年发展迅速，市场占有率快速增长，2019年达到25.3%。

我国机器视觉起步较晚，20世纪90年代初才逐渐有机器视觉公司成立，但发展速度非常快。随着全球制造中心向我国转移，目前中国已是继美国、日本之后的第三大机器视觉应用市场。据中国机器视觉产业联盟对其会员单位的统计，2019年我国机器视觉行业销售额首次超过百亿，达到103亿元，增速在20%以上。我国机器视觉企业已超过4000家。

"我国虽然机器视觉企业数量不少，但因起步较晚，整体水平落后于发达国家。目前，在我国的汽车、3C、烟草等行业的大型企业，70%以上的市场份额被美国康耐视、德国MVTec以及日本基恩士等公司占据。"赖明钟分析说,"我国中小企业和一些传统行业的企业也有降低人工生产成本、提高生产效率和质量的迫切需求,但他们却承担不起进口机器视觉产品的高昂价格。因此,进口替代势在必行。这是我们进入机器视觉市场的机遇,也是最好的切入点。"

赖明钟发现了市场机遇,也找到了市场切入点。于是,2013年,他创建了麦克玛视,并率领团队投身到激烈的机器视觉市场争夺战之中,一干就是10年。赖明钟上学时学的是水利专业,与机器视觉没什么关系,但凭着"十年磨一剑"的精神,凭着对机器视觉的专心、专注,他率领团队一举突破核心算法及快速组态等关键技术,研发出MicroMatch通用视觉软件产品,可跨平台运行在嵌

公司前台

入式平台。"这是机器视觉领域颠覆传统的创新，相关技术水平国内领先。"福建省工业文化协会会长周松奕说。

麦克玛视对技术创新的执着，使公司不断赢得行业及客户的认可。目前，公司分别与格力、小米、福耀集团、天机机器人、玉晶光电、宏发电气等国内众多知名企业合作，其销售服务网络涵盖上海、宁波、温州、江苏、山东、北京、天津、广东等省市，相关产品广泛应用于机器人、制药、物流、食品、电子、汽车等领域。麦克玛视真可谓异军突起，崛起在强手如林的市场竞争中，成为国内嵌入式机器视觉检测系统及智能相机企业的排头兵。

2020年，麦克玛视被认定为厦门市专精特新企业，并获得厦门火炬高新区瞪羚企业称号。

颠覆传统

机器视觉作为"人眼"的替代和延展，它有一套完整的视觉系统，一般包括光源及光源控制器、镜头、相机、视觉控制系统等。其中，光源及光源控制器、镜头、相机等硬件部分负责图像捕捉功能，视觉控制系统则负责对成像结果进行处理分析、输出分析结果至智能设备的其他执行机构。

从产业链角度看，机器视觉的上游是由上述核心零部件和软件组成；中游则由整机制造商、系统集成商等组成，上游与中游并非绝对隔离，而是相互渗透与合作；下游是应用领域，主要包括电子、工业、半导体、自动驾驶、智能安防等。

机器视觉市场发展前景广阔，产业链上中下游都蕴含着巨大的发展潜力。然而，由于我国中高端市场一直被欧美及日本品牌占据，一些国内企业只好从中低端市场寻找突破口，然后再向高端市场渗透，逐渐实现进口替代。

面对强大的国外竞争者和诸多的国内同行，麦克玛视怎么办？麦克玛视举什么旗？走什么路？这是关系到一个公司生死存亡的大问题。赖明钟的回答是："我们要坚决走自主创新之路，要拥有知识产权属于自己的核心算法，要尽可能地降低对机器视觉使用者的要求，让机器视觉成为简单易用的工具。我们要利用价格及地理优势去跟进口品牌竞争。"

赖明钟及其团队选择的竞争对手是国外强者，走的路是颠覆传统自主创新之路，而且说干就干。

麦克玛视对研发投入从不吝啬，他们清楚，充足的研发费用是保证持续创新的基础。公司自成立以来，每年的研发经费都在年度预算中单独列支，并且专款专用，保证研发项目顺利开展。近三年，麦克玛视研发投入平均占收入的比重高达 18.7%。

有了研发投入，还要有人才保证。麦克玛视招兵买马，组建了一支近 20 人的研发团队。这个团队与大公司相比规模不大，但其研发水平却属上乘。麦克玛视还加大研发设备投入，购置研发所需的精密检测仪器和检测设备。同时，麦克玛视全面整合社会力量，积极推进产学研合作，与北京理工大学合作建立机器视觉联合实验室。

10 年的努力，结出了累累硕果。目前，麦克玛视在机器视觉领域已拥有 5 项发明专利、6 项已受理发明、6 项实用新型、30 项软著。公司在嵌入式机器视觉、深度学习人工智能、3D 视觉等领域的产品广泛应用于工厂自动化生产替代人工检测。

2021 年 6 月，在厦门工业博览会暨 25 届台交会上，麦克玛视推出一系列机器视觉产品，包括工业智能相机、CCD视觉定位检测激光打标机、运动视觉软件和演示设备、M3视觉控制器、AI-OCR字符视觉检测设备、IMX-750模具监视保护器。

"我们公司的机器视觉产品性能完全有能力取代国外产品，并针对国内的用户情况降低行业的准入门槛，让机器视觉不再是集中在少数专业技术人员中开发使用。"赖明钟自信地说。

在麦克玛视的系列产品中，工业智能相机一直是公司的主打产品。这是一款小型的视觉系统，集成像、图像处理、设备控制于一体。功能强大、简单易用、具有创新功能的一体化产品。麦克玛视觉研发总监、北京理工大学客座教授孙余顺介绍说："与传统产品相比，我们的工业智能相机有三个特点：一是嵌入式智能相机系统；二是集成100多种算法模块，可快速组合编辑；三是外接口丰富，可满足各种工业现场不同品牌设备介入。显然，这些都是颠覆传统的新特点。"

麦克玛视高级研发工程师费鹏进一步解释说："我们的相机集成先进的滤波、定位、特征提取、测量、比对、逻辑运算、设备通信等算法，在先进制造、机器人引导控制、电子产品、物流、食品、汽车制造等领域都有施展空间。成本低、性能好，最终还能为用户节约很多的成本。"

麦克玛视的目标是：让智能相机像工业自动化领域里的PLC、伺服一样成为标准的配件，价格又容易让客户接受，从而为国内千万家企业在转型中可以降低人工成本。

"我们发现，目前机器视觉技术方面有一个问题，那就是项目越来越多，而且越来越复杂，开发人员也越来越紧缺，所以我们的软件注重在应用，让开发者即使不会编程也能开发复杂的项目，一般的技术人员经过几个小时培训就会使用,用这种方法来降低行业的准入门槛。我们认为,这是机器视觉行业未来的发展方向,也是必然的结果。还有就是产品价格,开发人员的要求层次降低了,成本也就降低了,最终用户的采购成本和后续维护成本同时也就降低了,原来客户只能买3套视觉系统的价钱,现在就能买10套甚至更多了。"赖明钟接着说,"继我们公司之后,国内很多企业陆续开始研发嵌入式智能相机。但我们的研发人员早在公司成立之前就已经开始这项研发,公司成立后又投入大量的人力、物力和财力,所以我们有很大的先天优势。另外,在研发过程中,我们发现了一些软件方面问题以及行业痛点,所以,我们研发软件时特别注重客户的使用,力争降低行业准入的门槛,不需要高级人员来运用。但在开发过程中,我们也遇到过技术瓶颈,走了不少弯路。所幸的是,我们有一个很好的团队,大家有一个共同的目标就是把产品做成最好用的、最简单的。经过艰苦而又漫长的工作,克服一个个困难,纠正一个个错误,才有了现在的结果。"

公司产品

工业智能相机是软硬件高度集成的产品，除了硬件研发难度极大外，对算法、软件、架构要求也非常高。麦克玛视成功突破了高频电路设计、嵌入式系统、驱动、成像 ISP 算法、高速 IO、视觉算法、算法组态、界面组态、嵌入式移植优化等行业关键技术，创新研发出国内领先的通用智能相机产品，填补了国内行业的空白。

麦克玛视自主开发的工业智能相机视觉软件可跨平台运行在嵌入式平台、X86 平台上，同时有效地解决了机器视觉开发项目周期长、需要高级专业软件工程师开发项目等问题。在不编程的情况下实现复杂视觉项目的快速实现和交付，十几分钟时间内完成原本需要几天的工作量，极大地缩短了工作时间，提高了生产效率，为企业节省大量生产成本。

行稳致远

"我们的产品跟国外的品牌比较是有优势的，主要是我们的产品比他们的灵活，更能贴近设备商和集成商的需求，从算法处理速度和精度来说也不输给他们，尤其是价格优势上是他们力不能及的。"麦克玛视与国外竞争者相比有自己的优势，但谈及未来，赖明钟说，"我们将不忘初心，牢记使命，未来还会不断开发新产品，打通由高端到低端的产品线，让国内企业不但买得起而且还'用'得起。"

赖明钟表示，未来首先要进一步做好通用视觉软件产品。这是麦克玛视最为重要的主打产品。所以，他们将持续加大研发投入，积极跟随市场趋势和技术革新趋势，并根据客户的需求反馈，改进现有产品技术性能，不断扩大市场占有率，将其塑造成公司的品牌形象。

为此，麦克玛视做了未来3年的发展战略。这个战略规划，一要深入研发图像识别技术，加强品牌建设，以争做行业龙头为目标去努力；二要在其他相关领域上，以机器视觉技术为核心，延伸到人工智能上，积极跟随市场趋势和技术革新趋势。

在营销方面，麦克玛视将加快销售渠道的布点，大力招商扩充合作伙伴。"现在我们需要很多志同道合的技术和销售方面的人才，我们随时欢迎这类人才加入我们的团队。"赖明钟表示。

为了实现争做行业龙头的目标，麦克玛视制定了质量满意、技术满意、服务满意的"三个满意"原则。赖明钟认为，对于机器视觉行业来说，产品的稳定性与质量的可靠性是至关重要的。比如，在汽车生产过程中，如果产品不稳定、质量不可靠，就有可能把不合格的产品漏放为合格品，这将给客户带来巨大的损失，所以在质量上要追求高稳定与高质量。在技术方面，麦克玛视一方面一直关注国际先进技术的发展，另一方面结合多年的积累，通过创新，不断研发新技术、新产品。在售后服务方面，麦克玛视将加强对客户的培训，让客户自己可以开发项目、解决问题。麦克玛视将不断提高售后服务质量，用真诚的态度和充分的耐心切实为客户解决售后问题，让客户买得放心，用得舒心。"这三项原则相互联系，又相互依存，哪一项做不好都可能导致全盘皆输，只有全面重视，公司的发展才有希望。所以，我们把'三个满意'作为公司发展的基本原则。"赖明钟说。

实现争做行业龙头的目标，需要集聚各种资源、各种优质的生产要素，其中引进战略投资、谋划进入资本市场也进入了麦克玛视的未来发展规划。从国内市场来看，我国机器视觉行业的企业很多，但大多是中小企业，未来会有一个产业调整、兼并重组的过程，这个过程离不开资本市场。从国外的竞争者来看，我国企业如果不能快速壮大自身实力，那就将长期处于竞争劣势，这个问题的解决也离不开资本市场。所以，麦克玛视有计划引入相关的产业基金，同时谋划在科创板、创业板或北交所争得一席之地。

"纵观这些年来中国机器视觉的建设和发展，麦克玛视的行走路径无疑是整个机器视觉行业的一个缩影。虽历经困惑甚至磨难，但仍然一路高歌永不停歇；虽有困难和挫折，但大家仍然信心满怀，永不放弃。赖总及其团队代表的是一批批中国机器视觉人的雄心壮志和对未来的美好憧憬，我们相信，中国机器视觉企业将在高质量发展的新时代群体崛起，并走向国际舞台。"这是一位记者在采访赖明钟后发出的感慨。

八闽大地，一群年轻的创业者走来，那是麦克玛视的团队，愿他们行稳致远。

赖明钟
厦门麦克玛视电子信息技术有限公司董事长兼总经理

> 团队除了具备创新精神外，还要有"坚持""信任"和"诚实"三个要素。不忘初心，坚持不懈，彼此信任勇于当担，诚实诚信不浮夸。
>
> ——赖明钟

图书在版编目（CIP）数据

寻找中国制造隐形冠军. 厦门卷. Ⅱ / 魏志强主编. —北京：经济日报出版社，2022.6
ISBN 978－7－5196－0789－0

Ⅰ. ①寻… Ⅱ. ①魏… Ⅲ. ①工业企业－介绍－厦门 Ⅳ. ①F426.4

中国版本图书馆 CIP 数据核字（2022）第 081407 号

寻找中国制造隐形冠军（厦门卷Ⅱ）

作　　者	魏志强　陈良财
责任编辑	黄芳芳
助理编辑	王孟一
责任校对	张永刚
出版发行	经济日报出版社
地　　址	北京市西城区白纸坊东街 2 号 A 座综合楼 710（邮政编码：100054）
电　　话	010－63567684（总编室）
	010－63584556（财经编辑部）
	010－63567687（企业与企业家史编辑部）
	010－63567683（经济与管理学术编辑部）
	010－63538621　63567692（发行部）
网　　址	www.edpbook.com.cn
E－mail	edpbook@126.com
经　　销	全国新华书店
印　　刷	天津图文方嘉印刷有限公司
开　　本	710 mm × 1000 mm　1/16
印　　张	19.5
字　　数	200 千字
版　　次	2022 年 6 月第 1 版
印　　次	2022 年 6 月第 1 次印刷
书　　号	ISBN 978－7－5196－0789－0
定　　价	68.00 元

版权所有　盗版必究　印装有误　负责调换